Johannes Quirin

WEIN ORTE in Franken

ENTDECKEN ~ ENTSPANNEN ~ ENTKORKEN

D

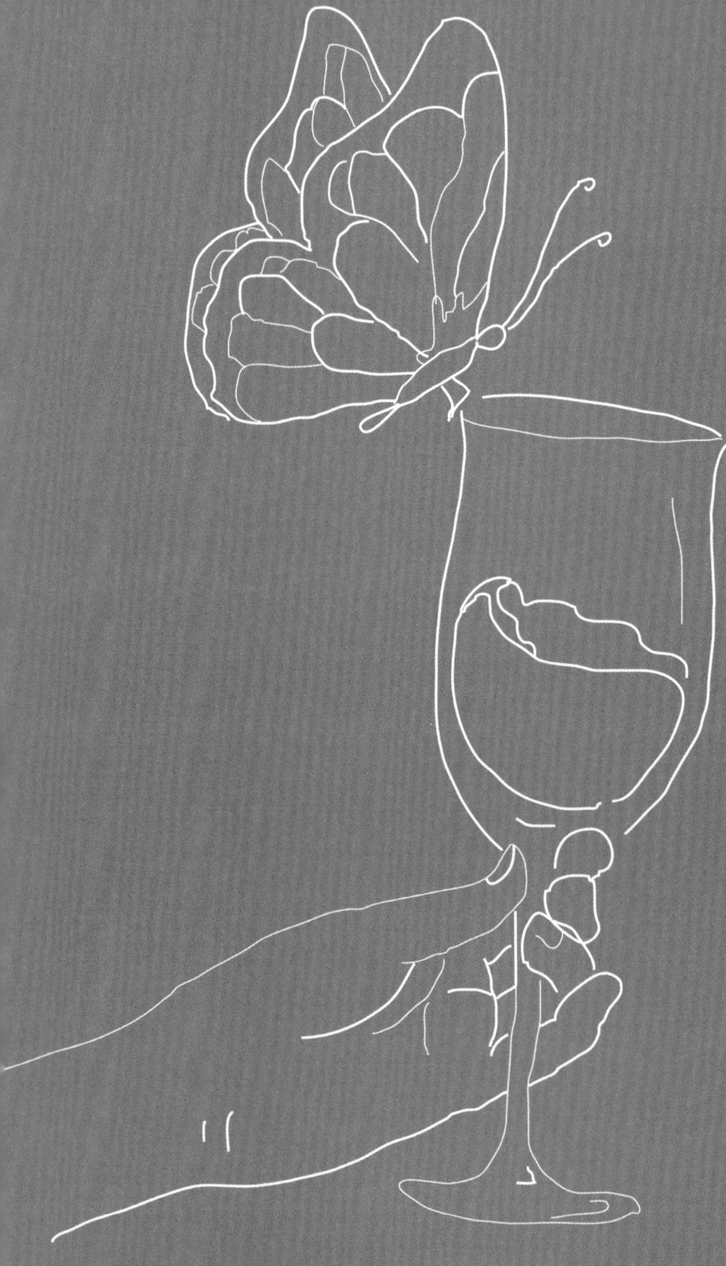

Liebe Weininteressierte,

es heißt den Entdeckergeist einzupacken und auf eine Tour durch Weinfranken zu starten. „Weinorte in Franken“ ist kein gewöhnlicher Reiseführer – er bringt Sie an Orte, die in einer ganz besonderen Beziehung mit Wein stehen.

So geht es auf versteckten Pfaden durch die sonnenverwöhnten Weinberge, zu Winzern, die ihre Keller wie Schatzkammern hüten, und zu Aussichtspunkten, bei denen Ihnen schon mal vor Staunen der Mund offen stehen bleiben kann!

Stellen Sie sich vor, wie Sie dort mit einem Gläschen in der Hand stehen, die Reben zu Ihren Füßen, während der Sonnenuntergang den Himmel in ein dunkelrotes Feuerwerk verwandelt.

Also, worauf warten Sie: Stecken Sie Ihre Nase voller Erwartung in die Seiten, denn genau wie bei einem guten Wein beginnt dieses Franken-Abenteuer schon mit dem ersten Schnuppern.

Prost auf die Reise!

Herzlichst
Ihr Johannes Quirin

WEINORTE

in Franken

WEINORTE

in Franken

1

Brückenschoppen

Die Alte Mainbrücke in Würzburg

Wein kann man in Franken wahrlich vielfältig erleben, trinken und genießen. Doch einen besonders beliebten Ort sollte man sich nicht entgehen lassen. Tagsüber scheint an diesem Ort mitten in Würzburg nichts außergewöhnlich zu sein. Doch je später der Abend wird und der Sonnenuntergang, gerade in den wärmeren Monaten, näher rückt, scheint die Alte Mainbrücke magnetische Kräfte zu entfalten. Plötzlich drängen sich Menschentrauben auf der Brücke, die in ihrer jetzigen Form aus dem 15. Jahrhundert stammt, um an diesem Ort mit seinem einzigartigen Charme und dem fantastischen Ausblick auf den Main, die Festung Marienberg und Würzburgs Weinberge ein ganz besonderes Erfrischungsgetränk zu sich zu nehmen: den Brückenschoppen. Übrigens, wenn es nach dem Teufel ginge, würde diese Brücke nicht stehen, der hatte nämlich laut einer mystischen Sage beim Bau seine Finger im Spiel.

Wann genau es damit angefangen hat und wann es so zum Kult wurde, lässt sich nicht mehr rekonstruieren. Nur eines ist klar: Wer keinen Brückenschoppen getrunken hat, war nicht wirklich in Würzburg. Hier wird ganzjährig „geschöppelt", Einheimische und Touristen treffen sich gleichermaßen auf der Alten Mainbrücke und trinken ein Gläschen Frankenwein. Alternativ sind auch Hugo oder Aperol Spritz geduldet und schmälern dieses Erlebnis nur minimal.

Doch bevor man in den Genuss eines Gläschens kommt, darf man meist erst einmal Schlange stehen. Die Gastronomiebetriebe Alte Mainmühle, Mainwein Weinbistro und die Vollkornbäckerei Köhler sorgen traditionell für volle Gläser. Diese sind in Stoßzeiten freiwillig durch die Gastronomen kontingentiert. Denn an manchen Tagen platzt die Alte Mainbrücke aus allen Nähten und der Fahrradverkehr, der offiziell über die Brücke verläuft, kommt sogar ins Stocken. Also am besten irgendwo am Rand ein schönes Plätzchen gesucht und der Musik gelauscht, die hier am Abend öfter live performt wird. In solch einer Atmosphäre schmeckt der Silvaner im Sonnenuntergang gleich doppelt so gut.

TIPP
Gleich ums Eck liegt der alte „Main Kutter" mit köstlichen Fish & Chips.

Alte Mainbrücke
97070 Würzburg

2

Fürstliche Weinsicht

Im Weinort Castell

Der malerische Ort Castell schmiegt sich unterhalb des Schlossbergs mitten in der fränkischen Weinlandschaft an den Hang. Er ist auch gleichzeitig Stammsitz des gleichnamigen Fürstenhauses zu Castell. Weinbau liegt diesem Geschlecht förmlich im blauen Blut und geht bereits bis ins Jahr 1224 zurück. Einen besonderen Wendepunkt nicht nur für die Adelsfamilie, sondern auch für ganz Weinfranken stellte das Jahr 1659 dar. Hier wurde ein wegweisender Kaufabschluss getätigt und 25 Reben der Urform des heutigen Silvaners gelangten nach Castell, die dort großflächig angebaut wurden. Auch heute noch wachsen auf den 70 Hektar Rebfläche des Fürstlich Castell'schen Domänenamts 40 Prozent Silvaner. Die Reben prägen das Bild rund um den historischen Kern des kleinen Fürstenorts mit einer sehenswerten spätbarocken Stadtkirche und der Ur-Filiale der Fürstlich Castell'schen Bank.

Am besten erkundet man den Ort und die weinreiche Umgebung bei einem ausgedehnten Spaziergang auf einer „TraumRunde". Die etwa 12,3 Kilometer lange Rundwanderung ist mit einer entsprechenden Markierung gut ausgeschildert und startet am Ortsausgang von Castell in Richtung Ortsteil Greuth, der jedoch umwandert wird. Die erste Steigung wartet bereits mit den Weinbergen des Hohnhart in Richtung Steigerwaldhöhe. Von dort offenbart sich der erste herrliche Ausblick auf das Ensemble aus Castells Kirche, Schloss und der Burgruine hoch über dem Ort. Durch ausgedehnte Laubwälder aus Buchen und Eichen geht es zum Casteller Schlossberg, einer der namhaften Weinlagen. Hier oben sind die umfangreichen Wall- und Gräberanlagen der geschichtsträchtigen Castell'schen Burgruinen noch heute eindrucksvoll sichtbar. Höhepunkt ist jedoch die „Schönste Weinsicht Deutschlands 2012", die einen weitreichenden Blick über die Weinlagen von Castell bis tief ins fränkische Land gewährt. Von nun an geht's nur noch bergab und man kann es sich zum Abschluss im Restaurant des Domänenamtes fürstlich gutgehen lassen.

TIPP
Ende April/Anfang Mai die blühenden Wildtulpen in den Weinbergen bewundern!

Fürstlich Castell'sches Domänenamt
Schlossplatz 5
97355 Castell
www.castell.de

3

Schräg & bunt

Das Hundertwasser-Weingut in Untereisenheim

Der ehemalige Bundeskanzler Helmut Schmidt meinte einst: „Wer Visionen hat, sollte zum Arzt gehen!“ Gut, dass Winzer Matthias Hirn diesem Ratschlag nicht gefolgt ist. Denn nur so konnte, eingebettet in die malerischen Hügel des Weinorts Untereisenheim, ein ganz besonderes Idyll in den Weinbergen geschaffen und Realität werden.

Schräg und bunt wirkt das Familienweingut Hirn bereits von weitem und man verbindet, was man da so sieht, so ganz und gar nicht mit Wein. Kein Wunder, denn hier trifft fränkischer Wein auf die faszinierende Welt des legendären Künstlers Friedensreich Hundertwasser. Die einzigartige Architektur des Weinguts, geprägt von unkonventionellen Formen und lebendigen Farben, zieht bewundernde Blicke auf sich und lädt zu einem ausgiebigen Besuch ein.

Was als Idee in den Köpfen der Hirns herumgeisterte, wurde Ende der 1990er-Jahre als Entwurf eines Weingutes mit Gästewohnungen bei Hundertwasser in Auftrag gegeben. Leider konnte der Künstler und Architekt den Bau nicht mehr persönlich vollenden, da er im Februar 2000 im Alter von 72 Jahren an Bord des Kreuzfahrtschiffes „Queen Elizabeth 2“ verstarb. Dank des Projektarchitekten Heinz M. Springmann, den Hundertwasser zum Bau seiner Häuser bevollmächtigte, konnte das unfertige Gebäude trotzdem fertiggestellt und bereits zwei Jahre später eingeweiht werden.

So entstand am Ortsausgang Untereisenheims ein Gebäude wie aus Tausendundeiner Nacht oder dem Roussillon. Jedenfalls erinnert der Grundton des Hauses an die Ockersteinbrüche der südfranzösischen Region, aus denen bis Mitte des 20. Jahrhunderts alle Maler ihre Pastellfarben bezogen. Besucher des Weinguts werden von der farbigen Vielfalt der typischen Hundertwasser-Architektur empfangen. Die welligen Dachlandschaften, die spiralförmigen Säulen und die lebendigen Mosaikarbeiten laden zu einer Erforschung, die über den üblichen Weingenuss hinausgeht, ein. Denn es ist eine Einladung zum Flanieren, zum Verweilen, zum Erleben einer anderen Dimension von Weingut-Architektur.

TIPP
Im Erlebnis-Weinberg heißt es Mit-Winzer werden und Weinbau hautnah erleben.

Weingut Hirn
Dipbacher Straße 8
97247 Eisenheim
Tel. (0 93 86) 3 88
www.weingut-hirn.de

WEINPARADIES

4

Weinpuzzle

Das Weingut pars pro toto. in Markt Nordheim

„pars pro toto." – drei kleine Wörter, eine große Philosophie. Das Credo: Aus der Summe der vielen Kleinigkeiten erwächst etwas Großartiges. Es ist diese Idee, die das Herzstück von etwas ganz Besonderem ist, einem Weinprojekt, bei dem jedes Detail zählt, wo der Boden murmelt und das Klima die Musik dazu spielt.

Wie jede gute Geschichte beginnt sie damit, dass sich zwei Menschen trafen, die unterschiedlicher nicht sein konnten, doch eine Gemeinsamkeit hatten: die Liebe zu handwerklich natürlich gemachtem Wein. Auf der einen Seite Andreas Roppel, ein Winzer, für den Wein mehr als ein Getränk ist. Es ist die Passion für das Echte, das Lebendige, die ihn antrieb, eine kaufmännische Karriere hinter sich zu lassen, um sich dem naturnahen Weinbau zu widmen. Dann gibt es da auf der anderen Seite noch Thomas Plackner. Zuerst in der freien Wirtschaft, dann als Coach und Berater unterwegs, fand er bei einer Wanderung zum Wein und gründete sein eigenes Weingut. Seine Weinphilosophie ist simpel: echter, unverfälschter Genuss, echte Hingabe am Rebstock.

Einst waren beide also solo auf Weinpfaden unterwegs, heute sind sie Teile des Ganzen, ergänzen sich perfekt in ihrer Unterschiedlichkeit und teilen doch eine gemeinsame Vision von Weinkultur. Ein eigenes Weingut hatte zwar keiner der Quereinsteiger, jedoch brachten beide Weinberge, die alle im Durchschnitt mindestens 35 Jahre alt sind, in die „Wein-Ehe" ein. Gut, dass auch hier ein Teilchen zum anderen fand und sie ein Weingut in Markt Nordheim pachten konnten. Wenn man dort, nur nach Terminvereinbarung, vor dem Rolltor steht, sieht das nicht gerade nach einem typischen Weingut aus. Doch sobald sich das Tor öffnet, sieht, hört und riecht man den Wein vor sich hin blubbern. Schließlich kreieren Andreas und Thomas in ihrem Weingut pure Weine voller Finesse und Lebendigkeit. Genug gesehen, geschnuppert und gelauscht. Jetzt wird es Zeit zu schmecken und zu verstehen, dass Wein viel mehr sein kann als die Summe seiner Teile.

TIPP
Das Naturerlebnisgelände in Markt Nordheim mit Barfußpfad und Naturkneippbecken.

Weingut pars pro toto.
Markt Nordheim 95 a
91478 Markt Nordheim
www.ppt-wein.de
Bitte vorher telefonisch oder per E-Mail anmelden!

SILVANER
GUERILLA

5

Turm der Erinnerung

Das terroir f in Randersacker

Auf dem sonnenverwöhnten Gipfel des Randersackerer Sonnenstuhls erwartet Besucher eine unvergessliche Begegnung mit geologischen Zeugnissen aus der Triaszeit, die die Geschichte des Frankenweins überhaupt erst ermöglicht haben. Der Sonnenstuhlturm, wie so viele andere Bauwerke im Weinland Franken aus dem heimischen Muschelkalk erbaut, wird umgangssprachlich charmant als „Kartoffelturm“ betitelt. Dies hat mit seiner dunklen Vergangenheit zu tun. Gebaut wurde das Monument vergangener Ideologien durch den Reichsarbeiterdienst, der die Beteiligten angeblich mit Kartoffeln bezahlte. Nach dem Krieg wurden alle Insignien der Diktatur entfernt und der Turm wurde schließlich 2013 zu einem neuen terroir-f-Punkt.

Umgeben von ausgedehnten Weinbergen, die ihre Wurzeln tief in würzig-steinigen Muschelkalk bohren, nimmt der Turm seine neue Rolle als Botschafter der Frankenwein-Geologie ernst. Bereits beim Aufstieg winken die Terrassenlagen, als würden sie zu einer weinseligen Kurzweil einladen und das sorgsam gehütete Geheimnis des fränkischen Bodens preisgeben. Am Turm angekommen, breitet sich das Maintal majestätisch aus, die Festung Marienberg thront als wehrhafte Zeugin der Region erhaben über der Szenerie und der Blick schweift über Lagen, bei deren Namen „Wein-Maniacs“ mit der Zunge schnalzen: „Teufelskeller“, „Marsberg“, „Ewig Leben“.

Und obwohl es schwerfällt, den Blick vom Panorama zu lösen, das einem hier, hoch über den Reben, fast endlos erscheint, macht es das Probieren jetzt, mit dem neugewonnenen Weinwissen, zukünftig noch spannender. Schließlich möchten die Randersackerer Weine auch verkostet werden. Also gleich eine erlesene Auswahl von örtlichen Winzern eingepackt, denn wenn nicht an diesem Ort, wo sonst könnte man in die Geschichte von Buntsandstein, Muschelkalk oder Keuper hineinschmecken. So schließt sich am terroir f in Randersacker der Kreis, der Geologie und Genuss, Geschichte und Gegenwart vereint.

TIPP
Wer Kaffee mag, sollte die kleine Rösterei Röstfreunde in Randersacker auf alle Fälle besuchen.

terroir f Randersacker
97236 Randersacker

terroir f
Wein-
Geologie
Vom Stein
zum Wein
Nicht
sichtbares
sichtbar
machen
terroir f
terroir f
Wein-
Geologie

6

Wallfahrt durch Wein

Die Wallfahrtskirche Maria im Weingarten

Ein malerischer Wallfahrtsweg führt durch Weingärten und Rebhänge auf die Kuppe des Volkacher Kirchbergs. Dort steht vor den Toren der alten Weinstadt und in exponierter Lage über dem Main die spätgotische Wallfahrtskirche Maria im Weingarten. Ihre Geschichte reicht bereits bis ins 10. und 11. Jahrhundert zurück. An der Stelle, an der die Kirche heute steht, stand bereits ein dem Apostel Bartholomäus geweihtes Gotteshaus. Sie war somit die Urpfarrkiche Volkachs und der Siedlungen an der Mainschleife. Kein Wunder also, dass diese Kirche schon immer eine gewisse Anziehung versprühte. Sicherlich trug hier die handgeschnitzte Pietà aus der Zeit um 1370 ihren Teil dazu bei und machte diese Kirche ab dem späten 14. Jahrhundert zu einem Pilgerort.

Doch die Zeiten ändern sich und das Gnadenbild steht meist nicht mehr im Rampenlicht. Denn jemand anderes hat ihm den Rang abgelaufen und ist wortwörtlich hereingeschwebt: Tilman Riemenschneiders berühmte schwebende „Madonna im Rosenkranz“. Für sie pilgern nun eher kunstinteressierte Menschen als spirituell Reisende auf den Kirchberg. Gnadenbild und Maria sind davon völlig unbeeindruckt und lassen sich geduldig von ihren „Groupies“ ablichten. Für gehörig Aufregung sorgte im August 1962 der Madonnenraub und hielt filmreif nicht nur Volkach in Atem. Ein Jahr später schwebte die Madonna restauriert wieder ein.

Bei so viel Kunst und Geschichte sollte man nicht vergessen, die Natur um sich herum, auch bereits beim Weg nach oben, wahrzunehmen. Strahlendes Laub im Herbst samt prallen Trauben und fantastische Ausblicke ins Umland lassen einen die Aura der Schöpfung spüren. Wenn man sich ein wenig Proviant und eventuell sogar eine Flasche Wein eingepackt hat, vielleicht sogar von Trauben aus dem Kirchberg, dann kann man diese Aura auch noch schmecken. Ein lauschiges Plätzchen auf dem Berg für eine kleine Auszeit findet sich sicher.

TIPP
Ein circa 12 Kilometer langer Rundweg startet hier. Tolle Aussicht auf die Mainschleife inklusive!

Maria im Weingarten
Kirchbergweg 20
97332 Volkach

7

Zwischen Reben und Romantik

Der Winzerhof Dörflein

Lust auf Wohnmobilromantik wie im Bilderbuch? Dann rein ins Gefährt, egal ob mit Auto und Zelt, Wohnwagen oder Camper, und ab nach Falkenstein! Im beschaulichen Donnersdorf, wo das Wort Stress nur in Kombination mit Weinlese bekannt ist, hat sich die Familie Dörflein, ihres Zeichens Nebenerwerbswinzer, aufgemacht, mehr als nur Wein zu kultivieren. Sie hat quasi ein Stückchen Campingglück mitten im Rebenmeer geschaffen. Willkommen auf einem „Mini-Campingplatz", wo die Aussicht betörend wie ein guter Tropfen ist und der Sonnenuntergang sich in jedem Weinglas spiegelt. Also am besten gleich beim Check-in mit den Weinen der Familie Dörflein eindecken. Von Müller-Thurgau über Acolon bis zum spritzigen Secco ist für jeden Geschmack etwas dabei. Probieren geht beim Wein eben immer übers Studieren.

Übrigens liegt der Campingplatz mitten in einer der ursprünglichsten Weinlagen Frankens. Die Weinberge schmiegen sich an die sonnenverwöhnten Ausläufer des Steigerwalds unterhalb des Zabelsteins. Die kleinen Weinbergparzellen prägen den Falkenberg und die etwa 50 bunten und unterschiedlichen Weinberghäuschen, die hier verstreut zwischen den Reben stehen, sorgen für den besonderen Charme des malerischen Winzerorts Falkenstein. Bei Lagerfeuerromantik samt Wein einfach das Leben genießen und danach bequem ins mitgebrachte Bett fallen. Camperherz, was willst Du mehr!?

Das morgendliche Erwachen inmitten der Weinberge, mit dem ersten Sonnenstrahl, der sanft über die Rebenhügel kriecht, wirkt wie aus einem der Schnulzenfilme, die man sonst sonntags im TV anschaut. Doch dieses Erlebnis ist nur schwer in Worte zu fassen. Und dann dieses Frühstück im Freien! Kaffee schlürfen, während die Natur erwacht und die Reben sich langsam recken. Das sind Momente, für die Camper kilometerweit fahren. Hier findet die Entschleunigung, die immer gesucht wird, mitten in der Natur statt. Wetten: Wenn das Wohnmobil einen eigenen Willen hätte, dann würde es am Ende gar nicht mehr von hier wegwollen.

TIPP
Vom Stellplatz aus durch die Weinberge zur Donnersdorfer Hüttentour starten.

Winzerhof Dörflein
Falkenstein 12
97499 Donnersdorf
Tel. (0 95 28) 95 05 85
www.winzerhof-doerflein.com

8

Leben mit der Natur

Das Weingut Roth in Wiesenbronn

„Im unterfränkischen Wiesenbronn, am Fuße des Schwanbergs, dem westlichen Ende des Steigerwalds, liegen die Weinberge von Nicole Roth und Papa Gerhard. In diesen besonders geschützten Lagen gedeihen die Trauben für fränkische Rot- und Weißweine, die ihresgleichen suchen.“ So steht es als Erstes auf der Webseite des Weingutes Roth. Am besten überprüft man persönlich, ob solche Marketing-Texte der Realität standhalten.

Man spürt nicht nur direkt beim Hineinfahren in das kleine Weinörtchen Wiesenbronn, dass hier Weinbautradition großgeschrieben wird. Neben dem Weingut der Familie Roth gibt es noch einige weitere Familienbetriebe, die im Weinbau tätig sind. Die Büttnergasse, eine Sackgasse, ist, man könnte es an deren Ende jedenfalls meinen, fest in der Hand der Weinbaufamilie Roth. Bereits seit ein paar Jahren hat Tochter Nicole in der fünften Generation übernommen und führt den Betrieb weiter. Vielleicht hat die Winzerin sogar persönlich Zeit und erklärt die nachhaltige Philosophie des Weinguts, denn das ökologische Denken und Handeln ist bereits seit 1974 fest im Alltag verankert.

Direkt daneben liegt das familieneigene Rothwein-Hotel, das von Nicoles Schwester Kerstin Büttner und ihrem Mann Harald geführt wird. Eigentlich sehr praktisch, denn so kann man mit gutem Gewissen die Weine in der Vinothek genussvoll verkosten.

Übrigens, passend zum Familiennamen ist der Rotweinanteil bei den Roths mit 50 Prozent für Franken ungewöhnlich hoch. Kein Wunder, denn sie setzten bereits 1946 als Erste in der Region auf Rotwein mitten im durch Weißwein dominierten Gebiet. Der Erfolg gibt ihnen recht und sie werden regelmäßig für ihre Rotweine ausgezeichnet. Nicht nur mit jedem Schluck dieser Preisträger wird dann der Marketing-Text lebendig und man spürt die Leidenschaft von Nicole und ihrem Vater, die sich letztlich in jedem Glas niederschlägt.

TIPP
Veranstaltungen im Weingut und in Wiesenbronn lassen sich wunderbar mit einem Besuch kombinieren.

Weingut Roth
Büttnergasse 11
97355 Wiesenbronn
Tel. (0 93 25) 90 20 04
www.weingut-roth.de

Franken feiert den Niederfall

Nur in Franken kennt man einen schönen alten Brauch: „Niederfall“. Damit ist ein **Festmahl** gemeint, zu dem die Hof- und Gutsbesitzer nach der Getreideernte oder, ganz bei unserem Thema, Weinlese alle Helfer einladen, die sich bei dieser Hauptarbeit des Jahres abgemüht haben. Seltsam nur, dass die Menschen heute kaum noch wissen, was das Wort „Niederfall" an sich bedeutet. Dabei ist es doch ganz einfach zu erklären. In der Volksfrömmigkeit früherer Zeiten, die das Leben vor allem auf dem Land stark prägte, war es Brauch, nach einer großen, erfolgreichen Arbeit wie dem Bau eines Hauses, dem Anlegen eines Weinbergs oder der Weinlese **„auf die Knie zu fallen“,** um dem lieben Gott für seinen Segen zu danken, bevor man sich zum gemütlichen Essen und Trinken traf.

Doch nicht überall wird der Niederfall nach der Weinlese gefeiert, mancherorts feiert man die sogenannte „letzte Fuhre“, an anderen Orten scheint der Brauch vergessen zu sein. Wer einmal bei einem Weinlesefest dabei sein möchte, sollte sich darüber im Klaren sein, dass dies zunächst eine Menge Arbeit und Schweiß bedeutet. Denn Voraussetzung ist natürlich, dass man nach altem Brauch eine bestimmte Anzahl von Stunden bei der Weinlese mitgeholfen hat. Ein solches Fest findet dann etwa eine Woche nach **Abschluss der Weinlese** statt, wenn auch die Kellerarbeiten abgeschlossen sind.

Das Wissen um solche Bräuche wie den Niederfall ist ein kostbares Gut

Auf den Erfolg der gemeinsamen Arbeit, auf das Wohl von Helfern und Gastgebern wird mit Wein der vergangenen Jahre angestoßen, meist werden mehrere Sorten und Jahrgänge großzügig ausgeschenkt. Es versteht sich von selbst, dass beim Niederfall auch das **leibliche Wohl** nicht zu kurz kommt. Bis sich die Tischplatten biegen, werden die verschiedensten Speisen aufgetischt. Dass der Wein beziehungsweise die Traube bei den Gerichten oft eine größere Rolle spielt, ist nur allzu verständlich. So wird zum Beispiel eine fränkische Scheureben-Weinsuppe serviert, Fleisch und Klöße mit weingeschwängerten Saucen und sicherlich auch ein leckeres Dessert, bei dem frisch geerntete Traubenbeeren die Hauptzutat sind. Ein obliga-

torisches Kuchen- und Tortenbuffet, das sich auch auf einer Hochzeit sehen lassen könnte, bildet oft den Abschluss.

Die Stunden vergehen wie im Flug, wenn man **gemütlich beisammensitzt,** der Duft der Maische noch die Luft erfüllt und man Geschichten, die je nach Erzähler so alt sind wie manche Weinberge selbst, bei einem Schoppen zum Besten gibt. Dann spürt man nicht nur, dass man ein Teil des Ganzen war, sondern sicherlich auch immer noch die von der Lese müden Knochen.

Das Wissen um solche Bräuche wie den Niederfall ist ein kostbares Gut, das bewahrt und weitergegeben werden muss. Denn die Geschichte, die von der Arbeit der Winzer, vom Zusammenhalt und der **gegenseitigen Wertschätzung** der unterschiedlichen Helfergenerationen erzählt, ist auch eine lebendige Brücke zwischen all diesen Menschen. Sie lehrt sicher eines: Man sollte die kleinen und großen Siege sowie die Niederlagen des Lebens gebührend gemeinsam feiern.

9

Mittelalterliches Flair

Das Weinfest in Zeil am Main

Das mittelalterliche Fachwerkstädtchen Zeil liegt direkt am Main. Aufgrund der Lage am Mainradweg machen dort viele Touristen aus ganz Deutschland Station, um die fränkische Weintradition hautnah zu erleben und in der kleinen Weinstadt in eine längst vergangene Welt einzutauchen. Selbst wenn manche Zeiten, wie zum Beispiel das 7. Jahrhundert, nicht rühmenswert waren: Als Richtstätte des Hochstifts Bamberg wurde das kleine Städtchen damals zum Schauplatz von Hexenverfolgungen und -verbrennungen, bei denen Unschuldige ihr Leben lassen mussten. Gut, dass diese Zeiten längst der Vergangenheit angehören.

Heute ist Zeil am Main für eine eher feuchtfröhliche Veranstaltung weit über die Stadtgrenzen bekannt. Seit 1985 strömen jährlich Tausende von Besuchern zum berühmten Weinfest. Durch die Mischung aus mittelalterlichem Flair und Frankenwein verwandelt sich die Zeiler Altstadt am ersten Augustwochenende in ein Mekka für Freunde fränkischer Gemütlichkeit. An diesem Wochenende sind die Gassen entlang der Stadtmauer aus dem 14. Jahrhundert bis hin zum Marktplatz mit dem gotischen Rathaus und der barocken St. Michaelskirche mit Weinständen und regionalen Köstlichkeiten gesäumt. Eine gute Gelegenheit für die Besucher, die jahrhundertealte Handwerkskunst der Zeiler Winzer auf konzentrierte Art und Weise zu erleben.

Traditionell wird das Weinfest mit einer launigen Ansprache durch die historische Figur Abt Alberich Degen eröffnet. Er ging nicht nur als gewichtige Persönlichkeit des kirchlichen Barocks in die Geschichte ein, sondern hatte im 17. Jahrhundert einen großen Anteil an der Verbreitung der Silvanerrebe in Franken. Degen besorgte die Silvanersetzlinge aus der Steiermark. Kein Wunder also, dass er gemeinsam mit den Weinprinzessinnen und dem Bürgermeister den ersten Schluck Silvaner zur Eröffnung trinken darf und der „gierigen" Meute leutselig zuprostet.

TIPP
Im Dokumentationszentrum Zeiler Hexenturm auch mal ins dunkelste Kapitel der Stadt eintauchen!

Weinfest Zeil am Main
Altstadt
97475 Zeil am Main

10

Weinbau mit Tradition

Frankens älteste Weinstadt Hammelburg

Wenn man über Wein und Franken spricht, dann darf natürlich auch nicht die Stadt fehlen, die ihren Wein pflegt wie ein kostbares Erbstück. Deshalb gehört ein Abstecher nach Hammelburg bei einer Reise durch Weinfranken einfach dazu. Dabei ist Hammelburg nicht nur die älteste Weinstadt Frankens, denn hier schwingt seit anno 777 die Weinrebe das Zepter, sondern auch mit der ersten Erwähnung im Jahr 716 nach Christus eine der 30 ältesten Städte in Deutschland.

Etwa 30 Winzer, von Vollblutprofis bis hin zu leidenschaftlichen Seiteneinsteigern, sorgen dafür, dass die Weinbautradition immer weiterlebt, und dieses Rebparadies ist ihr ganzer Stolz. Dank der optimalen Bedingungen entstehen hier nicht nur klassische fränkische Sorten wie Müller-Thurgau, Bacchus und Silvaner, sondern auch kreative Weinkreationen, die die Gläser zum Klingen bringen. Dies gilt auch für Weinproben, die man mitten in den malerischen Weinbergen genießen kann. Alternativ erweitert man auf dem 5,8 Kilometer langen Weinlehrpfad mit seinen 17 Stationen sein Weinwissen.

Wenn man dann schon unterwegs ist, sollte man sich den hiesigen terroir-f-Punkt nicht entgehen lassen. Das Thema hier ist die fränkische Weinbaugeschichte, die auf einem Serpentinenweg präsentiert wird. Dort erfährt man auf Infotafeln alles Wissenswerte über die Anfänge des Weinbaus in Franken bis zum Weinbau in der heutigen Zeit. Wer sich die Geschichten von historischen Persönlichkeiten erzählen lassen möchte, kann dies mit den integrierten Hörstationen tun. Auf Knopfdruck werden Texte abgespielt, in denen zum Beispiel Karl der Große, Pfarrer Georg Horn oder Winzer aus dem 19. Jahrhundert die Geschichte des Weinbaus in Hammelburg beleuchten. Neben dieser spannenden Zeitreise genießt man die atemberaubende Aussicht über die Altstadt samt ihrer Mauern und Türme, die Burg Saaleck und die hügelige Landschaft der vorderen Rhön gratis dazu. Schlau, wer ein Fläschchen Wein im Gepäck hat, um an diesem besonderen Ort einen Schluck zu genießen.

TIPP
Ein besonderes Erlebnis: sich im Museum Herrenmühle als Müllergeselle verkleiden.

97762 Hammelburg

1900

11

Musikalischer Kultstatus

Das Musikfestival Wein am Stein in Würzburg

Genießen, feiern und Spaß haben – das ist „Wein am Stein"! Einmal im Jahr heißt es „Prost!" zu köstlichen Weinen, delikaten Gerichten, guter Musik und einer atemberaubenden Atmosphäre. Und das alles direkt in den berühmten Hanglagen des Steins – einem Highlight unter den Hängen Würzburgs! Der steilste Südhang erstreckt sich über 85 Hektar mit Neigungen zwischen 30 und 60 Prozent. Es handelt sich um die größte zusammenhängende Einzellage in ganz Deutschland. Ins Leben gerufen wurde diese etwas andere Art des Weinfestes vor fast 40 Jahren von den Besitzern des Weinguts am Stein, Ludwig und Sandra Knoll. Was als Geheimtipp begann, ist mittlerweile so beliebt geworden, dass sich meist lange Schlangen vor dem Eingang bilden. Daher sollte man direkt im Vorverkauf zuschlagen und sich Tickets sichern. Ist man erst einmal drin, spürt man die besondere Magie des Festivals mitten in den Weinbergen.

Dazu tragen sicher auch die unterschiedlichen Bands von Pop über Rock bis hin zu Reggae oder Hip-Hop bei, die mit ihrer erstklassigen Musik und ihren energiegeladenen Auftritten für die passende Stimmung sorgen. Das Musikfestival in den Weinbergen verspricht faszinierende 14 Tage und Nächte: Egal ob man mittendrin auf der Tanzfläche steht oder entspannt zwischen üppig grünen Rebstöcken – es wird ein mitreißendes Programm geboten, das von beliebten regionalen Klängen bis hin zu international gefeierten Bands reicht. So waren bereits die Giant Rooks, Leoniden, Fil Bo Riva, LaBrassBanda, Jamaram oder Shantel Teil dieser besonderen Veranstaltung.

Genau das scheint das Geheimrezept der Knolls zu sein, die mit Wein am Stein das klassische Weinfest in die Neuzeit geführt haben. Nicht umsonst hat es sich als eines der besten Feste weit über die Grenzen Weinfrankens hinaus etabliert und gehört mittlerweile fest zum kulturellen Leben in Würzburg dazu. Wenn dann noch der Würzburger Stein durch beeindruckende Effekte in ein anderes Licht getaucht wird, wird es zu einem unvergesslichen Erlebnis.

TIPP
Erst den Stein-Wein-Pfad wandern und im Anschluss feiern.

Musikfestival Wein am Stein
Mittlerer Steinbergweg 5
97080 Würzburg
www.wein-am-stein.de

12

Strebsame Reben

Der terroir-f-Weinberg in Ramsthal

Wenn man heute durch die Weinberge schlendert, stehen die Rebstöcke meist sortenrein und ganz brav in Reih und Glied. Zwischen den Zeilen ist genug Platz, um mit Maschinen hindurchfahren zu können. Früher sah das gerade in Franken noch völlig anders aus. Bis zu zehn unterschiedliche Rebsorten wurden als „Gemischter oder Alter Satz" in einem Weinberg gepflanzt, um für eine größere Stabilität in der Ernte zu sorgen. Denn Ausfälle einzelner Sorten konnten durch bessere Erträge anderer sowohl qualitativ als auch quantitativ ausgeglichen werden. Doch nicht nur die Anzahl der unterschiedlichen Rebsorten machte früher den Unterschied, sondern auch deren Erziehung. Grundsätzlich standen alle Rebstöcke eng nebeneinander und jeder Stock wurde nach der sogenannten „Fränkischen Pfahlerziehung" kultiviert. Das heißt, er wurde an drei Pfählen über den Boden hochgebunden und gepflegt. Um sie vor den kalten Winterfrösten zu schützen, wurden die Reben im Herbst auf den Boden gelegt und mit Erde bedeckt. Dies alles war extrem arbeitsaufwendig und anstrengend. Aus diesem Grund gibt es nur noch wenige solcher Weinberge im „Reben-Bondage-Style".

In Ramsthal wird diese Tradition des „Alten Satzes" wenigstens immer noch am terroir-f-Punkt gelebt. Auffällige rote Stelen erinnern hier an die Geschichte dieser besonderen Anbaumethode und nehmen dabei das Aussehen der historischen Dreipfahlerziehung an. Auf Infotafeln erfährt man mehr zu der sehr dominanten Art der Rebstockpflanzung und den klassischen Traubensorten, unter anderem Traminer, Silvaner, Riesling, Elbling, Gutedel, Muskateller oder Burgunder, die im gemischten Satz angebaut werden. Selbstverständlich gilt auch hier, wie an allen terroir-f-Punkten, Aus- und Weitblick ist garantiert. Wer sich auf dem Weg dorthin körperlich betätigen möchte, kann aus einem der vier zwischen 3 und 7,2 km langen Wanderwegen wählen oder schließt sich mit vorheriger Anmeldung einem Weinerlebnisführer an, der neben Wissenswertem vielleicht auch eine kleine Weinprobe für unterwegs in petto hat.

TIPP
Einen Blick in den Ramsthaler Veranstaltungskalender werfen. Großartige Feste übers Jahr verteilt.

terroir f Ramsthal
Hopfenweg
97729 Ramsthal

REBSORTEN-
GESCHICHTE
Rebzüchtungen

13

Fürstlicher Bauwurmb

Das Hotel & Weingut Meintzinger in Frickenhausen

Das kleine charmante Winzerdorf Frickenhausen am Main kann mit einigem geschichtlich Interessantem aufwarten, so zum Beispiel dem spätmittelalterlichen und barocken Rathaus, dem Schwarzenberg-Palais oder den vier Toren samt Türmen, die teilweise aus dem 15. Jahrhundert stammen. Wenn man den Blick über den Hauptplatz schweifen lässt, könnte man meinen, dass direkt gegenüber dem alten Rathaus ein kleines Schlösschen steht. Doch es ist „nur" der ehemalige Sommersitz der Fürstbischöfe von Würzburg.

Die Fürsten aus dem Hause Schönborn waren leidenschaftliche Bauherren und haben neben diesem in Frickenhausen zahlreiche weitere eindrucksvolle Gebäude hinterlassen. Zu ihrer Zeit galten die Mitglieder der Familie Schönborn als wahre Baulöwen und man bezeichnete sie mit einem ihnen gewidmeten Begriff als „Bauwurmb". Dies bedeutete so viel wie „Bauwurm" und sollte ausdrücken, dass das gesamte Geschlecht von einer wahren Bausucht befallen sei. Diese leidenschaftliche Bauwut sorgte nicht nur für beindruckende Gebäude wie die Residenzen von Bamberg und Würzburg, sondern auch für öffentliche Brunnen, Kanäle, Brücken und Straßen, die der Allgemeinheit zugutekamen.

Auch heute kommt der ehemalige Sommersitz der Allgemeinheit zugute, denn er beherbergt ein Hotel samt Weingut. Seit über 220 Jahren ist das Haus, übrigens eines der ältesten Gebäude des Ortes, im Besitz der Familie Meintzinger. Nach und nach wurde das historische Gebäude aus dem Jahre 1475 innen modernisiert und so zu einem liebe- und geschmackvollen Boutiquehotel umgestaltet. Jochen und Michaela Meintzinger mögen Schönes um sich herum und sind sehr detailversessen. Diese Liebe und Leidenschaft sieht man auch in den ungewöhnlichen und trotzdem zeitlos eleganten Designs der 29 individuellen Zimmer. Hier lässt es sich nach einer ausgedehnten Weinprobe in der hauseigenen Weinlounge fürstlich nächtigen und vortrefflich im Wellnessbereich nach einer ausgedehnten Wanderung oder Radtour in der Umgebung entspannen.

TIPP
Weinleuchten am Kapellenberg Ende Juli mit einem einmaligen Ambiente durch beleuchtete Weinberge.

Hotel & Weingut Meintzinger
Babenbergplatz 4
97252 Frickenhausen
Tel. (0 93 31) 8 71 10
www.hotel-meintzinger.de

H FRAGEN
NTZINGER
MEINTZINGER

14

Sanfte Hügellandschaften

Die WeinKultTour im Kreis Schweinfurt

Heute geht es nach Zeilitzheim auf den historischen Marktplatz. Nicht nur, weil das Barockschloss samt angeschlossenem Bio-Weingut bekannt ist, sondern weil man von hier aus auf die WeinKultTour starten kann. Dabei handelt es sich um eine 21 Kilometer lange Genussweinwanderstrecke, die durch malerische Hügellandschaften mit Weinbergen, Wäldern und auch Obstbaumwiesen führt. Vom Marktplatz aus folgt man der vor sich hin plätschernden Volkach vorbei an idyllischen Fischseen bis zur Weinbergshütte. Dies ist das erste Highlight der Wanderung. Von hier hat man einen atemberaubenden Panoramablick und ein Rebsortenlehrpfad vermittelt Wissenswertes über lokale Weine. Weiter geht es durch Felder und Weinberge bis nach Gaibach. Spannend ist in diesem Weinörtchen nicht nur die Kreuzkapelle, sondern vor allem die im Jahr 1818 erbaute Konstitutionssäule, die anlässlich der ersten bayerischen Verfassung errichtet wurde. Auch hier wartet eine Fernsicht darauf, bei einer Pause genossen zu werden.

Wer sich nach Rast vom Wein oder der Aussicht losreißen kann, marschiert weiter in Richtung Stammheim. Auf dem Weg dorthin wartet der größte Bocksbeutel der Welt vom Weingut Scheller auf Wanderer. Bis zu 50 Personen können im Stahlgestell Platz bei einer Weinprobe finden. Beeindruckend! An ihm vorbei geht's samt herrlichem Blick auf das Maintal weiter bis nach Stammheim hinein.

Eigentlich selbstverständlich, dass es in einem der größten Weinbauorte der Umgebung zahlreiche Möglichkeiten gibt, bei Winzern einzukehren, verschiedene Weine zu probieren und eine Rast einzulegen. Gestärkt geht es dann wieder in Richtung des Ausgangspunktes Zeilitzheim. Hinauf geht's zur Marienkapelle mit einem letzten wunderschönen Ausblick über das Maintal. Danach führt der Weg durch reizvolle Landschaften Richtung Lindach und Öttershausen, bis der Marktplatz samt Barockschloss wieder in Sichtweite kommt.

TIPP
Beim Weingut Mößlein in Zeilitzheim sollte man unbedingt fränkischen Whisky probieren.

WeinKultTour
97509 Kolitzheim-Zeilitzheim

15

Architektur & Wein

Die Vinothek vom Weingut Max Müller I in Volkach

Der Wein hat eine Heimat, eine Wiege. Im Weingut wird er in einem individuellen Ambiente präsentiert. Böse Zungen behaupten, dass dies meist in dunklen, feuchten Gemäuern der Fall sei. Irgendwann kamen dann auch noch die schummrigen, holzgetäfelten Probierstuben dazu, die mit Plastiktrauben dekoriert waren. Und damit der Gast überhaupt erkennen konnte, was er da im Glas hatte, musste er sich auch tagsüber von Glühbirnen erleuchten lassen.

Heute gehen Winzer wie die Familie Müller in Volkach verstärkt zu moderner Architektur über. In Frankreich und im kalifornischen Napa Valley wurde bereits in den 1980er-Jahren eine neue Ära der Weinarchitektur eingeläutet, die das Weingut Max Müller I übernommen und in Perfektion umgesetzt hat. Der Kerngedanke ist: Wein ist nicht nur Alkohol, Wein ist auch Kultur. Und über die Architektur soll der Wein auch kulturell vermittelt werden. Heute würde man sagen: Der Weinkauf wird zum Erlebnis. Inzwischen setzen auch immer mehr deutsche Winzer ihre Keller mit farbigem Licht in Szene und lassen neue Gebäude aus Stahl, Glas und Beton entstehen. Mal klassisch, mal modern spielen sie zum Wein die passende Musik. Eine ganze Reihe von Winzern hat sich auch gleich die Flaschenetiketten von Künstlern neu gestalten lassen. In der Architektur und Inszenierung des Weingutes spiegelt sich dann im Idealfall der Charakter eines Weines, einer Region und eines Winzers wider.

Das Volkacher Weingut Max Müller I stellt dies beispielhaft unter Beweis. Das barocke Gebäude aus dem Jahr 1692 wurde trotz der Vorbehalte der Stammkunden gegenüber moderner Architektur konsequent entkernt und mit moderner Klarheit umgestaltet. Der Erfolg gibt der Winzerfamilie Müller recht. Es hagelte nicht nur positive Kundenreaktionen, sondern auch Architekturpreise verschiedener Jurys.

Diese besondere Ausstrahlung der Architektur für alle Sinne ist förmlich zu spüren und vereint sich mit jedem Schluck der Müller-Weine zu einem Erlebnis, das Lust auf mehr macht.

TIPP
Mit dem Volkacher Vinotheken-Tour-Ticket 12 Weine in unterschiedlichen Vinotheken genießen.

Weingut Max Müller I
Hauptstraße 46
97332 Volkach
Tel. (0 93 81) 12 18
www.max-mueller.de

16

Sternenklarer Genuss

Die Weinparadiesscheune in Ippesheim

Wer hätte das gedacht? Zwischen den grünen Weinhängen von Bullenheim und Seinsheim befindet sich ein Ort, der vermutlich die Antwort auf die klassische Frage ist: Rot oder Weiß? Warum nicht beides! Willkommen in der Weinparadiesscheune, dem Ort der Gemütlichkeit, wo die Weine fließen und das Lachen ebenso. Kaum vorzustellen: Man ist gerade entlang der sanften Hügel gewandert, hat einen Abstecher in die Weinberge gemacht und landet – Zack! – direkt in der Weinparadiesscheune. Dort, wo die Grenzen zwischen den Landkreisen verschwimmen und nur eines klar ist: Dieser Platz ist zum Genießen da! Unter der Ägide von Markus Scherer findet man in der Weinparadiesscheune ein Team, das die Langeweile schneller vertreibt, als man Silvaner sagen kann. Freundlich, aufmerksam und immer für einen Spaß zu haben. Hier ist man gerne Gast!

Kaffee und Kuchen aus Omas geheimem Rezeptbuch sind immer im Angebot. Doch wer möchte schon Kaffee, wenn der Wein hier im Paradies so gut mundet, dass selbst ein Biertrinker lieber zu einem Schoppen greift? Wenn dann noch die fränkischen Gaumenfreuden von einfacher Vesperplatte über den klassischen Braten an Sonn- und Feiertagen oder zu bestimmten Terminen ein frisches, knuspriges Schäuferla samt Soß und Kloß serviert werden, tanzen die Geschmacksknospen Schlamperer, einen fränkischen Volkstanz. Wenn der Wein dann ein wenig zu Kopf gestiegen ist, lässt man sich einfach auf der Terrasse im Licht der weichen Abendsonne in die gemütlichen Sitzkissen sinken. Hier darf das Auge über eine Postkarten-idyllische Landschaft schweifen. Keine Sorge, auch die Nüchternen kommen auf ihre Kosten. Doch die wahre Magie beginnt in lauen Sommernächten erst, wenn der letzte Sonnenstrahl hinter den Höhen verschwindet und die Sterne am Himmel um die Wette strahlen.

Na, kribbelt's schon in den Füßen? Ein gutes Glas Wein an einem atemberaubenden Ort kann tatsächlich kleine Alltagswunder bewirken. Prost, auf dieses himmlische Kleinod hinter den Hügeln mitten im Weinparadies!

TIPP
Mitte Juli findet ein romantisches Weinfest unter Bäumen im malerischen Hof von Schloss Lichtenstein statt.

Weinparadiesscheune
Weinparadiesscheune 1
97258 Ippesheim
Tel. (0 93 39) 98 96 80
www.weinparadies-scheune.de

17

Maroggo liegt am Main

Das Weingut Scheuring in Margetshöchheim

Heute beginnen wir unsere Reise ein klein wenig entfernt: in Marokko. Marokkanischer Wein verführt mit orientalischer Mystik und erhabenen Geschmackserlebnissen, eine Suche, die so manchen Enthusiasten fasziniert. Tatsächlich hat Marokko eine lange Tradition im Weinanbau, die bis in die Zeit der Phönizier zurückreicht. Doch wen zieht es schon in ferne Länder, wenn das Abenteuer vor der Haustür liegt? Denn „Maroggo“, wie der Franke das K gerne mal betont, liegt am Main.

Dazu muss man nur über die Brücke von Veitshöchheim, der fränkischen Wiege der Weinbauausbildung, und schon stolpert man in das charmante Margetshöchheim, von manchem spöttisch „Maroggo am Main“ genannt. Diese liebevolle Stichelei entspringt einem Kapitel lokaler Historie: Die Margetshöchheimer mussten nach dem Zweiten Weltkrieg umständlich per Fähre und Zug nach Würzburg pendeln. Ihre verspätete Ankunft erntete den spöttischen Empfang „A da sinn ja die Marogganer vo Üwersee.“

Heute ist das einstige Gespött ein Markenzeichen des beschaulichen Dorfs mit seiner Weinbaugeschichte. Dazu trägt sicher auch Ilonka Scheuring, 2010 zur Jungwinzerin des Jahres gekürt und Verfechterin der heimischen Parole „Maroggo am Main“, eine gehörige Portion bei. Ihre Vorgehensweise ist so unkonventionell wie ihre Lieblingsschuhe: Pink strahlende Gummistiefel, mit denen sie durch die Reben zieht. Ilonka ist bekannt für ihre Spätlesen mit frechen Namen wie „Femina Glut“ oder „Drei Aged Sweet“. Ihr Weingut, ein Ort kreativer Vielfalt, befindet sich im Herzen von Margetshöchheim, eingebettet zwischen ihrem alten Feuerwehrbus und einem Ziegengehege. In diesem fränkischen Weinidyll kann man in der traditionell im Frühjahr und Herbst geöffneten Heckenwirtschaft einkehren. Bei fränkischen Spezialitäten wie Bratwürsten mit Weinsauerkraut können sich die Gäste in der gemütlichen Weinstube durch Ilonkas Sortiment probieren. Wer also auf der Suche nach einem Hauch von Marokko samt Weinvergnügen ist, der wird genauso gut am Main fündig.

TIPP
Bei Ilonka einen Bollerwagen mit Verpflegung leihen und auf eigene Faust die Weinberge erkunden.

Weingut Scheuring
Lutzgasse 6
97276 Margetshöchheim
Tel. (09 31) 46 36 33
www.weingut-scheuring.de

18

Wein segnet

Der Weinheiligen-Weg in Frickenhausen

In Frickenhausen, einem malerischen Weinort, gewährt nicht nur der Silvaner königliche Audienzen, sondern man betrachtet das Leben durch die Reben. Hier, wo bereits im Jahr 903 König Ludwig das Kind auf Pergament die Weichen für eine weinselige Zukunft stellte und den Weinbau begründete, haben nicht nur Bischöfe, denen die besten Weinlagen gehörten, ihre Spuren im Muschelkalk hinterlassen. Auch Weingötter scheinen zwischen den Zeilen historischer Urkunden zu wispern und laden heute zu einem höchst unterhaltsamen Spaziergang auf dem Weinheiligen-Weg ein.

Besagter Weg ist nicht einfach nur ein Pfad, sondern ein Weg über die ausgebauten Bewirtschaftungswege durch die Weinberge, gewidmet zwölf himmlischen Schutzpatronen, die im Weinjahr eine göttliche Nebenrolle spielen. Vorbei geht es an einer Weinbergskapelle, die leider meist verschlossen ist, am alten Kreuzweg entlang den Berg hinauf und dann im Anschluss auf dem Rundweg einmal gegen den Uhrzeigersinn durch die Weinberge.

Am Ende dieses himmlischen Promenadenweges wartet kein Geringerer als der terroir-f-Punkt Kapellenberg auf seine Besucher. Eine eindrucksvolle Open-Air-Galerie, die Leonardo da Vincis Abendmahlszene in Stahl und Stein neu interpretiert. Der Mythos sagt, dass drei muskelbepackte Himmlische die tonnenschweren Skulpturalen an ihren Bestimmungsort zogen, ein Freialtar epischer Maße. In Wirklichkeit waren es ein paar mehr Menschen aus Frickenhausen und der Umgebung, die den fast 4,5 Tonnen schweren Altarstein mit purer Muskelkraft den alten Kreuzweg zu seinem heutigen Standort hochgezogen haben. Und wer von so viel himmlischem Weingenuss noch nicht genug hat, möge sich den weisen Worten eines unbekannten, weinseligen Bauernregel-Philosophen hingeben: „Ist Dreikönig still und klar, gibt's ein reifes Winzerjahr.“ Also, auf nach Frickenhausen, wo die heiligen Wächter des Weines einen mit „offenen Reben“ empfangen. Cheers, oder wie die Frickenhäuser sagen würden: „Zum Wohlsein!“

TIPP
Im Weinbistro Frickenhausen bei leckeren Flammkuchen und fränkischen Kleinigkeiten einkehren.

Weinheiligen-Weg
97252 Frickenhausen

19

Die Traubeninsel

Die Weininsel im Main

„Eine Insel mit viel Wein …“, so könnte das Lied zu Jim Knopf von der Augsburger Puppenkiste etwas umgedichtet und auf die Weininsel in Franken angepasst werden. Jede Menge Wein gibt’s in Franken, doch das größte Gebiet mit über 750 Hektar Weinreben erstreckt sich im Landkreis Kitzingen auf einer von Menschen geschaffenen Insel im Main. Zwischen einer langen Flussschleife des Mains etwas südwestlich von Volkach und dem abkürzenden Mainkanal zwischen Volkach und Gerlachshausen liegen die größten zusammenhängenden Weinberge, 12 Prozent der Gesamtfläche, des Anbaugebietes Franken.

Namhafte Weinorte wie Sommerach oder Nordheim am Main liegen auf der Weininsel und irgendwie merkt man zuerst kaum, dass man das Festland verlassen hat und sich nun auf einem Eiland befindet. Neben mehreren Brücken ermöglicht auch eine Fährverbindung in Nordheim den Zugang zur Insel. Vom höchsten Punkt der Weininsel, dem 287 Meter hohen Kreuzberg, kann man sehr gut sehen, wie die Landschaft vom Weinbau geprägt wird. Die bekannten Lagen „Nordheimer Kreuzberg“ oder „Sommeracher Katzenkopf“ liegen einem quasi zu Füßen.

Oberhalb des dritten Ortes der Insel, Hallburg, liegt das Weingut Schloss Hallburg, das mit dem größten gastronomischen Betrieb der Insel aufwartet. Überall auf dem Eiland herrscht Inselflair und jede Ecke bietet einen besonderen Augenblick. Dafür sorgen nicht nur die etwa 100 Winzer, die zur Verkostung ihrer edlen Tropfen einladen, sondern auch die beiden großen Weinfeste in Sommerach und Nordheim, die die Insel zum Beben bringen.

Aber Moment, da fehlt doch noch etwas! Richtig, ein Strand! Natürlich kann die Weininsel selbst damit dienen. In Nordheim lädt ein Sandstrand zum gemütlichen Verweilen ein. Man kann lässig in ein paar Strandkörben entspannen und Wein genießen. Es ist idyllisch auf dieser Insel. Nicht umsonst sagt man sogar, dass der Main an dieser Stelle ganz bewusst seine Schleife macht, weil es ihm hier so gut gefällt, dass er nicht weiterfließen möchte.

TIPP
Unbedingt die Inselspezialität, die Fränkische Mostsuppe, probieren!

Badestrand Nordheim
Escherndorfer Weg
97334 Nordheim am Main

20

Fränkisch trocken

Das Weingut Zehnthof Luckert in Sulzfeld

Wer zum ersten Mal nach Sulzfeld, der Heimat des Luckert'schen Zehnthofes, kommt, wird aus dem Staunen nicht mehr herauskommen. Der ganze Ort ist umgeben von einer gut erhaltenen Stadtmauer aus dem Mittelalter mit insgesamt 27 Türmen, in der sich bis heute ein historischer Ortskern erhalten hat. Zu diesem Ensemble gehört auch das Weingut der Familie Luckert, das seit 1970 im Familienbesitz ist, stückweise renoviert und zum Weingut umgebaut wurde. Ursprünglich wurde es 1558 als fürstbischöflicher Zehnthof, auf dem der fällige Zehnt – etwa 10 Prozent Natural- oder Geldsteuer – an den Grundherrn abgeliefert werden musste, erbaut. In dieser einmaligen Atmosphäre, die man bereits beim Betreten des Gebäudes spürt, ist es nicht verwunderlich, dass sich die Familie Luckert der Tradition verpflichtet fühlt. Die Pflege der Tradition bezieht sich in heutiger Zeit allerdings auf den Erhalt des historischen Gebäudes und natürlich auch auf die Art und Weise, wie Wolfgang, Ulrich und Philipp Luckert Wein herstellen.

Dies tun sie in einer Form wie vor über 100 Jahren, überspringen damit die teilweise Mechanisierung und Industrialisierung des Weinbaus und setzen das Wissen und Können von heute bei der Bewirtschaftung nach biologischen Richtlinien ein. In gewisser Weise kann man ihre Weine mit denen des 19. Jahrhunderts vergleichen. Im wahrsten Sinne des Wortes kann man dies bei einem Wein aus einer speziellen Lage tun. Der „Sylvaner Creutz" wird aus wurzelechten Silvanerreben, die um 1870 gepflanzt wurden, gekeltert. Die Luckerts retteten diesen besonderen Weinberg vor der Rodung, pachteten ihn und rekultivierten ihn mit großer Hingabe. So wurden diese wenigen Reihen mit historischen Rebstöcken vor der Zerstörung bewahrt. Man könnte meinen, die Reben danken es ihren Rettern, denn dieser Wein gehört zu den großen Silvanern und den Weißweinen Deutschlands. Ein absolutes „Weinlight" und seltenes Vergnügen im Sortiment des Weinguts, das über 150 Jahre Geschichte ins Weinglas bringt.

TIPP
Im Mainlände, dem grünen Vorgarten Sulzfelds, einfach direkt am Main entspannen.

Weingut Zehnthof Luckert
Kettengasse 3–5
97320 Sulzfeld am Main
Tel. (0 93 21) 2 37 78
www.weingut-zehnthof.de

ZEHNTHOF LUCKERT

21

Mitten im Land der Biere

Das Weinfest in Bamberg

Ganz Bierfranken trinkt Bier. Ganz Bierfranken? Nein! In einer von unbeugsamen Weintrinkern unterwanderten Stadt, die in einer Region liegt, die bis zu den 1960er-Jahren die höchste Brauereidichte der Welt aufwies, fließt einmal im Jahr – auch außerhalb der Glühweinzeit – richtig viel Wein. Dieses unglaubliche Phänomen ereignet sich jeden Frühsommer ausgerechnet in Bamberg, jener oberfränkischen Domstadt, die für ihre jahrhundertealte Brautradition, die zahlreichen familiengeführten Brauereien in der Region und ihr berühmt-berüchtigtes Rauchbier in ganz Deutschland bekannt ist.

Was viele jedoch nicht wissen: Die Stadt Bamberg hat außerdem eine lange Weinbautradition, die bis ins 11. Jahrhundert zurückreicht. Diese Tradition wurde leider jäh durch Säkularisierung, Rebläuse und andere Rebkrankheiten Ende des 19. Jahrhunderts fast vollständig vernichtet. Erst im Rahmen der Landesgartenschau im Jahre 2012 konnte sie mit dem Anlegen von neuen Weinbergen rund um das Kloster St. Michael, einst größter Weinbergbesitzer der Stadt, wiederbelebt werden. Bereits zwei Jahre zuvor wurde das Weinfest ins Leben gerufen, bei dem Winzer aus der Region ihre erlesenen Tropfen präsentieren. Eines der flüssigen Highlights dabei ist der „Bamberger Wein“ – ein Silvaner QbA vom Michaelsberg.

Das Fest findet auf dem von Einheimischen liebevoll „Maxplatz“ genannten Maximiliansplatz statt. Im traumhaft schönen Ambiente mitten in der Fußgängerzone kann man vor historischer Kulisse, unter anderem dem von Balthasar Neumann entworfenen barocken Rathaus, fränkische Spezialitäten genießen und selbstverständlich mit jedem Schluck ebenfalls viel über die fränkische Weinkultur erfahren. Die klassisch-deftige fränkische Küche stillt dabei nicht nur perfekt den Hunger, sondern bildet auch die ideale Grundlage für die Verköstigung der regionalen Weine. Für die richtige Stimmung sorgen Bands aus verschiedenen Genres wie Pop, Rock oder Schlager – sie versetzen die Besucher in eine wahre Weinseligkeit.

TIPP
Unbedingt auch neben dem Wein ein Schlenkerla Rauchbier probieren!

Bamberger Weinfest
Maximiliansplatz
96047 Bamberg

FRANKEN
Herzlich Willkommen
auf dem
Bamberger
Weinfest

22

Promiwein

Das Weingut Hans Wirsching in Iphofen

Im traditionsreichen Winzerort Iphofen liegt in der Ludwigstraße eines der ältesten familiengeführten Weingüter Frankens. Als Hans Wirsching im Jahre 1528 dem Kloster Ebrach eine Flasche Wein stiftete, wurde dies urkundlich festgehalten. Der historische Startschuss für das bis heute in Familienhand liegende Weingut liegt jedoch offiziell im Jahre 1630. Mit Michael Joseph Wirsching baute schließlich das erste Familienmitglied seine Weine nachweislich in der Ludwigstraße aus. Seine Fässer liegen zwar heute noch im alten Keller, aber weintechnisch ist man dort mit den aktuellen Jahrgängen in der Neuzeit angekommen.

Von außen wirkt das Fachwerkhaus nicht minder historisch, doch sobald man den glasüberdachten Innenhof betritt, ist man in einer anderen architektonischen Welt. Die moderne Vinothek lädt freundlich und hell zum Verkosten der Weine ein. Der Fokus liegt hierbei auf vorwiegend trockenen Weißweinen, die auf den Weinbergen in und um Iphofen wachsen. Wobei auch hier die wichtigste Rebsorte der Silvaner ist. Verantwortlich ist mit Andrea Wirsching die 14. Generation, die das renommierte Weingut führt. Sie profitiert von der Arbeit ihres Onkels und Vaters, die in den 70er- und 80er-Jahren das Weingut neu aufstellten, zukunftsträchtig ausrichteten und unter anderem auch Steillagen neu bepflanzten. Durch diese alten Reben wurde die Basis für die anhaltende Qualität der Wirsching-Weine geschaffen. Der Beweis hierfür sind zahlreiche nationale und internationale Auszeichnungen.

Als ob das nicht schon genug wäre, weist der Wirsching-Wein eine enorme Promidichte auf. So gossen sich unter anderem der 42. US-Präsident Bill Clinton und der König der Niederlande, Willem-Alexander, samt seiner Gattin Máxima einen Franken „hinter die Binde". Und selbst Papst Johannes Paul II. ließ sich den Wein aus Iphofen als Messwein in seinem Kelch munden. Also worauf noch warten? „Nicht lang schnacken, Kopf in Nacken" und sich bei einer Verkostung im Weingut in die illustre Promirunde einreihen.

TIPP
Auch aus der Ferne können die Weine bei einer Online-Probe verkostet werden.

Weingut Hans Wirsching
Ludwigstraße 16
97346 Iphofen
Tel. (0 93 23) 8 73 30
www.wirsching.de

WEINBAU
SEIT 1630
HANS WIRSCHING

23

Vino-Wellness

Kunzmann's Hotel in Bad Bocklet

Unter dem Motto „Gesund werden, gesund bleiben" verspricht das idyllische Heilbad Bad Bocklet, eingebettet in die sanften Hügel des fränkischen Saaletals, ganzheitliche Erholung. Das kleine, aber feine Staatsbad bietet für jeden Geschmack etwas. Ganz egal, ob das belebende Heilwasser aus der Balthasar-Neumann-Quelle, der eisenhaltigsten Quelle Deutschlands, von innen als Trinkkur, von außen als Mineral-Kohlensäure-Bad und beim Kneippen genossen wird oder Naturmoorpackungen auf den Körper „geklatscht" werden. Gut, dass es im traditionsreichen Kurort auch noch weinhaltigere Wellnessanwendungen gibt.

Mit dem Kunzmann's verwöhnt ein Traditionshaus mit modernem Geist seine Gäste seit fast einem Jahrhundert. Der Fokus auf Nachhaltigkeit und Nutzung lokaler Ressourcen wie Wild aus eigenem Jagdrevier und die Energiegewinnung aus eigener Photovoltaikanlage zeugen von der Philosophie des Hauses. Daher ist es nicht verwunderlich, dass das Wellnesshotel seinen Gästen ein besonderes Wellnesserlebnis bietet: die „Vino-Wellness". Nicht nur vergoren als Wein entwickelt die Frucht ihre Wirkung, auch die Traubenkerne enthalten viele positive und gesundheitsfördernde Inhaltsstoffe. OPC und Resveratrol schützen und revitalisieren die Haut. Diese Kombination ist ein wahrer Jungbrunnen, der für einen glättenden Effekt, der die Haut jünger und frischer erscheinen lässt, verantwortlich sein soll.

Bei den unterschiedlichen Gesichtsbehandlungen, Körperpeelings oder Massagen mit Traubenkernen und Traubenkernöl genießt man eine wahre Symbiose aus Entspannung und Wirkstoffbehandlung. So bietet ein Aufenthalt in Bad Bocklet und im Kunzmann's die perfekte Gelegenheit, sich mit Naturprodukten, die nach jahrtausendealter Tradition pflegen und verwöhnen, der eigenen Schönheit und Gesundheit zu widmen. Also heißt es: abtauchen in eine entspannende Auszeit im Einklang mit der Natur, um neue Lebenskraft durch die wunderbaren Eigenschaften des Weins, innerlich wie äußerlich, zu tanken.

TIPP

Das nahe gelegene Schloss Aschach mit Museen und regelmäßigen Veranstaltungen lohnt einen Ausflug.

Kunzmann's Hotel
An der Promenade 6
97708 Bad Bocklet
Tel. (0 97 08) 7 80
www.kunzmanns.de

24

Rockiger Weinritter

Das Weingut von der Tann in Iphofen

Adel und Wein liegen ja oftmals nicht weit auseinander, das ist auch beim Weingut von der Tann so. Selbst wenn der Fisch im Familienwappen des alten Rittergeschlechts, das aus der nicht gerade für seine Weine bekannten Rhön stammt, verwirrend wirkt. Doch Steffens Familienzweig hat es in die Weinregion rund um Iphofen verschlagen. Sowohl Opa als auch Vater waren bereits als Winzer aktiv. Eigentlich logisch, dass Freiherr Steffen auch durch die Weinberge marschiert und im Keller wirkt.

Nein, bei Steffen lief es etwas anders und das, obwohl er bereits seit Kindesbeinen mit dem Wein-Gen infiziert wurde. Nach der Ausbildung zum Karosserie- und Fahrzeugbauer kam dieses Gen mit dem Tod des Vaters plötzlich wieder hoch und Steffen wurde Winzer. Er führt das Familienweingut nun in dritter Generation und hat seitdem bereits mehr als zehn Jahrgänge in den Keller und die Flasche gebracht. So unkonventionell, wie sein Start als Winzer war, so unkonventionell ist er auch sonst. Das spürt man bereits, wenn man auf den idyllischen Hof einbiegt, der am Rande von Iphofen liegt. Wo in anderen Weingütern klassische Musik im Keller läuft, schallen hier schon mal AC/DC, Rammstein oder Queen über den Hof. Der bekennende Rockerfan liebt eben bei der Arbeit Musik, die laut ist, und zeigt das auch gerne mit seiner mit Patches benähten Küferbluse, die eher einer klassischen Rocker-Kutte gleicht.

Was jedoch genauso unkonventionell und punk-rockig daherkommt, sind die griffigen Namen und die selbst gestalteten Etiketten. Hierfür trägt Steffens Partnerin Maggie die Verantwortung. Die studierte Marketingexpertin lernte Steffen kennen und lieben und kam so zum Wein. Mittlerweile ist sie auch ausgebildete Winzerin, steht zwar gemeinsam mit Steffen im Keller, aber kreiert dort Weine nach ihrem ganz eigenen Stil. Was beide eint, ist die Liebe zum Müller-Thurgau, den sie in verschiedenen Varianten ausbauen. Durch diese und am besten auch alle anderen Weine probiert man sich in der gemütlichen Vinothek.

TIPP
Weinspaziergang mit Weinprobe „Vom Weinberg in den Keller" an jedem 3. Samstag des Monats.

Weingut von der Tann
Birklinger Straße 1
97346 Iphofen
Tel. (0 93 23) 8 99 70
www.weingut-vondertann.de

25

Genussvoller Gestalter

Das terroir f am Stettener Stein in Karlstadt

Ohne Main – kein Wein. So könnte man kurz und bündig den Einfluss des mit 527 Kilometer längsten rechten Nebenflusses des Rheins auf den Frankenwein zusammenfassen. Mit Maindreieck und -viereck bildet der Main in Unterfranken zwei geometrische Formen. Vor allem das Maindreieck beherbergt mit rund 4200 Hektar den Großteil der fränkischen Weinberge. 80 Meter über dem Main liegen im besagten Dreieck auch die steilen Hanglagen des „Stettener Steins", einer Weinlage, die in Fachkreisen zu den besten Weinlagen Frankens gehört. Der für uns interessante Ort liegt gleich 130 Meter über dem Main und bietet wieder einmal einen fantastischen Ausblick. Der terroir-f-Punkt Karlstadt-Stetten steht unter dem Thema „Gestalter unserer Weinbergslagen – Wein formt". Doch was steckt konkret dahinter?

Wenn man gemütlich vom Parkplatz aus die 600 Meter zum terroir f spaziert ist und die stählerne Plattform mit Blick nach Würzburg flussaufwärts sowie weit in den Spessart flussabwärts erklommen hat, versteht man direkt, wieso hier dieser Schwerpunkt gewählt wurde. Der Blick schweift über die steilen Hänge des Mainufers, die das Wasser mit seiner reißenden Kraft vor etwa zwei Millionen Jahren geformt und somit die Grundlage für den Weinbau geschaffen hat. Wasser und Wein haben diese Kulturlandschaft geformt.

Neben dem kleinen Aussichtstürmchen wurde durch terrassenförmige Trockenmauerreihen, analog zum kurvenreichen Verlauf des Mains, ein Amphitheater angelegt. Das Spannende daran: Es wurden hierfür die für das Weinanbaugebiet Franken typischen Gesteinsarten Buntsandstein, Muschelkalk und Keuper genutzt. So lernt man nicht nur Wissenswertes zum landschaftsprägenden Fluss Main, sondern auch etwas zu den verschiedenen Bodenarten, auf denen in Franken Wein wächst und gedeiht. Mit diesem Wissen wird der nächste Wein, vielleicht bei einem der örtlichen Winzer oder in einer Heckenwirtschaft, falls denn gerade Saison ist, besonders gut schmecken.

TIPP
Unbedingt das Wein-Karikaturen-Museum im Oberen Torhaus besuchen (www.wein-karikaturen-museum.de).

terroir f Stettener Stein
Stettener Stein
97753 Karlstadt-Stetten

26

„Echter“ Wein

Das Juliusspital in Würzburg

Im Herzen Würzburgs, in den Mauern eines imposanten Barockgebäudes, schlägt das Herz nicht nur für die Medizin, sondern auch für einige der besten Tropfen Frankens. Besucher des Juliusspitals werden beim Betreten der Hofanlage von der Schönheit des Hospitals überrascht sein. Von der denkmalgeschützten Rokoko-Apotheke, die nur bei Führungen zugänglich ist, ganz zu schweigen.

Ganz und gar nicht zu verschweigen ist die Geschichte des Juliushospitals. Seit 1576 ist es eine Institution, die sich der Pflege bedürftiger Menschen verschrieben hat, seine Wohltätigkeit ist tief in der Kultur des Weinbaus verwurzelt. Gründer Julius Echter von Mespelbrunn, bis zu seinem Tod Fürstbischof von Würzburg, hatte eine Vision: ein Spital, das sich aus den Erträgen eigener Ländereien trägt. So entstand mit dem Juliusspital-Weingut ein Kapitel fränkischer Weinkultur, das bis heute Geschichte schreibt. Mit über 180 Hektar Rebfläche ist das Weingut Juliusspital nicht nur das zweitgrößte Weingut Deutschlands, sondern gilt auch als das größte Silvaner-Weingut der Welt. Im Weingut selbst wird Rebsortenvielfalt gelebt und passend zur jeweiligen Parzelle die entsprechende Rebsorte gewählt. Nicht nur die daraus entstandenen Silvaner, sondern alle Weine des Juliusspitals sind Geschichtsträger und Boten einer über 440-jährigen Tradition.

Diese Tradition schlägt sich auch im 250 Meter langen Keller nieder, in dem die Weine reifen. Die historischen Kellergewölbe liegen tief unter den Stiftungsgebäuden und sind bei einer Führung zu erkunden. Wer durch diese Katakomben wandelt, spürt den Hauch der Zeit und das Flüstern der alten, reich verzierten Holzfässer, die voller flüssiger Geheimnisse sind und doch eines verraten: Im Wein liegt Wahrheit.

Mit dem Wissen, dass guter Wein und gute Taten Hand in Hand gehen können, kann man getrost noch ein Fläschchen mit nach Hause nehmen. Denn hier ist Wein nicht nur Kulturgut, sondern auch ein klein wenig der soziale Kitt, der das System am Leben hält.

TIPP
Frühzeitig eine der unterschiedlichen offenen Führungen online buchen, sie sind schnell ausverkauft!

Weingut Juliusspital
Klinikstraße 1
97070 Würzburg
Tel. (09 31) 3 93 14 00
www.juliusspital-weingut.de

18
4490
Juliusspital

27

Silvanergott

Der Abt-Degen-Steig zwischen Zeil und Steinbach

Als Christ sollte man laut zweitem Gebot keine anderen Götter neben Gott haben, sicherlich nicht ganz so leicht für die fränkischen Weintrinker, die ihrem „Silvanergott“ schließlich die typisch fränkische Rebsorte zu verdanken haben. Zisterzienser-Abt Alberich Degen brachte 1665 die Silvanerrebe nach Franken und keinem war bewusst, wie prägend dieser Wein für diesen Landstrich Bayerns werden würde. Bis heute hält der „Götterkult“ gerade in seinem Geburtsort Zeil am Main auch weiter an und der „Abt“ eröffnet jedes Jahr das dortige Weinfest. Doch nicht nur durch diesen Brauch lebt der fränkische Weinheilige weiter. Zwischen Zeil und Steinbach am Main führt ein nach ihm benannter Wanderweg auf alten Winzertreppen durch die mittelalterlichen Weinhänge des Haßbergtraufs. Auf dem Abt-Degen-Steig, einem Rundwanderweg, ist man immer ganz nah dran am Frankenwein. Informationstafeln zu Geologie, Weinsorten und dem Weinbau säumen den Weg. Zahlreiche Sitz- und Ruhebänke laden immer wieder zum Verweilen ein. Die Bewirtschaftung der steilen und oft schwer zugänglichen Hänge erfordert viel Handarbeit, und so ist die Wahrscheinlichkeit doch recht hoch, dass man einen Winzer hier persönlich antreffen kann.

Wenn das noch nicht ausreicht, um Lust auf den Abt-Degen-Steig zu bekommen, dann vielleicht das hier: Der Wanderweg ist so flexibel, dass man sich seine Strecke je nach persönlicher Vorliebe selbst zusammenstellen kann, indem man beispielsweise bestimmte Abschnitte umgeht oder verkürzt. So kann man zwischen 5 und maximal 25 Kilometern auf diesem Weinwanderweg unterwegs sein. Alle Varianten der Wegführung sind immer auf Übersichtstafeln entlang des Weges gut ersichtlich. Zudem weist das für den Weg passende Symbol, ein grüner Bocksbeutel, den richtigen Weg.

Freilich sind genügend Einkehrmöglichkeiten entlang der Strecke genauso zuverlässig ausgeschildert, damit man dort mit bestem Silvanerwein ein Hohelied auf den Silvanergott anstimmen kann.

TIPP
Der untere Bereich der Hanglage kann auch von Rollstuhlfahrern für Wanderungen genutzt werden.

Abt-Degen-Steig
97475 Zeil am Main

Ein Toast auf den heiligen Johannes

Die katholische Kirche beweist Beharrlichkeit in der Pflege von Bräuchen: Zwischen Weihnachtsmarkt samt Glühwein und Silvesterfeiern mit Sekt und Schampus wartet der 27. Dezember mit einem weiteren Anstoßmoment. **„Trinke die Liebe des Johannes"**, schallt es in einigen Kirchen, vorwiegend in Weinbauregionen, und der zuvor geweihte Johanniswein, meist ein Weißwein, wird ausgeschenkt. Der Segensspruch hat eine lange Geschichte; bereits aus dem 14. Jahrhundert ist er als „Bibe amorem St. Iohannis" bekannt. Erste Anhaltspunkte für den Wein zu Ehren des Evangelisten reichen sogar 200 Jahre weiter zurück. Wie historische Gestalten, die manchmal zu einer verschwimmen, so vereint der Johanniswein zwei Überlieferungen: ein in antiken Texten gefeiertes **Trankwunder** und die **Minnetränke** aus heidnischer Zeit.

Laut Legende wirkte Johannes der Apostel in Kleinasien und widersetzte sich dort der Aufforderung, der Göttin Artemis zu huldigen. Als Strafe drohte ihm ein Schicksal durch vergifteten Wein, den er allerdings unbeschadet überstand. Sobald er die **Segnung des Weines** durch ein Kreuzzeichen über dem Kelch durchführte, so die Legende weiter, fuhr das Gift in Schlangengestalt aus dem Becher. Seit dem 16. Jahrhundert wird der Apostel deshalb mit den Symbolen Kelch und Schlange dargestellt.

Prost, mit Segen!

Wie solche Weinwunder schließlich auch Einfluss auf heidnische Bräuche nahmen, zeigt folgendes Beispiel: Waren in vorchristlicher Zeit die Trankopfer an göttliche Figuren gerichtet, entwickelten sich diese im Mittelalter zu „Minnetränken“ für allerhand Heilige, zunächst unabhängig von Johannes. Durch die Annahme der Kirche im 12. Jahrhundert gewann der Minnetrank schließlich einen christlichen Bezug und wurde im Namen des Evangelisten zelebriert. Da der Apostel Johannes für seine Botschaft von argloser Liebe bekannt ist und diese über sein Evangelium, das diese Liebe besonders hervorhebt, verbreitet, verbindet man dies heute mit der Weinsegnung. Daher wird der Johanniswein in genau dieser Tradition gesegnet und erinnert dabei an die **Kraft der Gemeinschaft, des Zusammenhaltes und der Freude.**

Eigentlich völlig logisch, dass sich dieses Brauchtum samt der positiven Eigenschaften des Genusses von Johanniswein dann auch weltlich niederschlug. Einer Sage aus dem 13. Jahrhundert nach schützte das Trinken des Weins vor Schaden und Leid. So begoss man in dieser Epoche mit dem Wein Abschiede unterschiedlichster Natur. Sogar auf dem Totenbett und bei Vertragsabschlüssen kam er zum Einsatz.

Johanniswein war nie nur Segen; für viele war er schlicht ein **Grund zum geselligen Zusammenkommen.** Man zelebriert diese Gemeinschaft auch heute noch in einigen fränkischen Kirchengemeinden, wie zum Beispiel in der Pfarrkirche St. Laurentius in Retzbach. Ist der Wein einmal gesegnet, folgt nach dem Gottesdienst der gemütliche Teil: das gemeinsame Verkosten. Ob Schluck für Schluck himmlische Gnade in sich aufgenommen wird oder nur die beschwingte Überzeugung, ein göttlich legitimiertes Getränk zu genießen, mitschwingt, ist egal. Auf Johannes und sein flüssiges Vermächtnis: Prost, mit Segen!

28

Weinexpedition

Die Glück Homes in Ippesheim

In der romantischen Kulisse des Fränkischen Weinlandes mitten im Weinparadies liegt Markt Ippesheim, die größte Weinbaugemeinde in Mittelfranken, am südwestlichen Rand des Steigerwalds und circa 40 Kilometer südöstlich von Würzburg an der Bocksbeutelstraße. Logisch, dass sie vom Weinbau geprägt und von Weinreben umgeben ist. Tagsüber verlockt das gelobte Weinparadies zu einer Landpartie der besonderen Art. Gut, wenn man zu diesen Weinexpeditionen direkt vom Ferienheim auf Zeit starten kann. Am besten natürlich zu Fuß oder mit dem Bocksbeutel-Express, dem ÖPNV der Region. Denn zwischen Riesling und Silvaner begegnet man sicherlich der flüssigen Seele Frankens und tastet sich so an die fränkischen Weine heran.

Eine ganz besondere „Expeditionsbasis" wartet in Ippesheim auf die Weinabenteurer: die Glück Homes. Wie zwei Baumhäuser balancieren die beiden auf Stelzen am Ortsrand des Weindorfs. Das eine wirkt wie aus bunten Legoklötzchen zusammengebaut, das andere kommt im natürlichen Holz-Look daher. Die Terrassen der beiden Holzhäuser mit Blick auf lauschige Blätterdächer und die Weinberge sind das absolute Highlight und wahre Entschleunigungsoasen, die gefühlt zwischen den Wipfeln liegen.

Nicht nur, wenn die Abendsonne sich dem Horizont zuneigt und die Schatten der Ippesheimer Weinberge länger werden, zieht es einen hierhin zurück. Hier oben ist die Natur kein Besucher, sie ist der Gastgeber und man kann ein Schauspiel betrachten, dass nur sie so unverschämt schön inszenieren kann. Da schlägt jedes Herz höher und man fühlt sich in seine Kindheitsträume vom eigenen Haus in der Baumkrone versetzt. In dieser Atmosphäre, noch besser mit einer Flasche Wein, lassen sich die erlebten Abenteuer von Rittern, Räubern und Prinzessinnen zum Besten geben. Vielleicht träumt man dann auch noch einmal so unbeschwert wie damals. Eines ist jedenfalls garantiert: Hier hält jeder Tag für die großen Entdecker ein neues „Weinabenteuer" bei den zahlreichen Winzern der Region bereit.

TIPP
Das Freilandmuseum Kirchenburg Mönchsondheim zeigt das Leben und Arbeiten in einem mainfränkischen Dorf.

Glück Homes Ippesheim
Oberer Spreußberg 9
97258 Ippesheim
Tel. (01 70) 4 04 97 29
glueck-homes-ippesheim.business.site

29

Wurzeln bleiben

Das Pastoriushaus in Sommerhausen

Vor über 350 Jahren wandelte Franz Daniel Pastorius sicherlich ebenfalls durch dieselben mit Muschelkalk gepflasterten Gassen, auf denen man noch heute Sommerhausen erkunden kann. Bitte wer? Welchen Wein hat er gemacht? Nein, Pastorius hat erst einmal nichts mit Wein zu tun. Er betrat 1683 als erster deutscher Auswanderer den amerikanischen Kontinent. Aber noch mal von vorn.

Franz Daniel Pastorius erblickte am 26. September 1651 in Sommerhausen das Licht der Welt. Sein Vater Adam Melchior Pastorius spielte im politischen und gesellschaftlichen Leben der Stadt eine wichtige Rolle. Damit wuchs Franz Daniel in einem begüterten Elternhaus auf, erhielt eine umfangreiche Ausbildung und lernte dabei fünf Fremdsprachen. Sein Jurastudium führte ihn nach Altdorf, Basel, Jena und Erfurt. Pastorius verbrachte nur seine Kindheit in Sommerhausen, da die Familie bereits 1658 in die Freie Reichsstadt Windsheim umzog. Er siedelte schließlich 1683 alleine nach Amerika über. Trotz alldem behielt er seine fränkische Heimat immer im Herzen. Er ließ in Amerika nicht nur einen Ort Sommerhausen nennen, sondern auch eine Weinrebe im Siegel der Stadt Germantown, der von ihm gegründeten Kolonie in Pennsylvania, aus der später eine Stadt wurde, eintragen. Germantown existiert noch heute, aus dem amerikanischen Sommerhausen ist mittlerweile Chestnut Hill geworden.

Was im fränkischen Sommerhausen zurückbleibt, ist das bereits aus dem Jahre 1619 datierte und später als Pastoriushaus bekannte Geburtshaus. Familie Steinmann erwarb 1916 das Fachwerkhaus und baute es zu einem überregional angesehenen Weingut aus. Mit Lukas steht bereits die nächste Generation im imposanten Gewölbekeller. Vater und Sohn lassen in ihren Weinen auch ein klein wenig den Spirit von Franz Daniel Pastorius weiterleben, der sich zeit seines Lebens für ein friedliches Zusammenleben aller Menschen und gegen die Sklaverei einsetzte und als fairer Vermittler zwischen den Siedlern und den Ureinwohnern galt. Denn schließlich war er, so sagen sie, „weltoffen, idealistisch und fränkisch im Herzen".

TIPP
Wer genug vom Wein hat, grüßt Alpakas, Lamas, Riesenesel & Co. im Tierpark Sommerhausen.

Pastoriushaus
Weingut Artur Steinmann
Plan 4, 97286 Sommerhausen
Tel. (0 93 33) 9 04 60
www.pastoriushaus.de

ARTUR STEINMANN

30

Flüssige Geschichte

Der Geschichtsweinberg in Iphofen

Die Möglichkeit, Weinbaugeschichte live zu erleben, gibt es tatsächlich in Iphofen. Auf etwa 2000 Quadratmetern, verteilt auf drei Weinbergterrassen, bauen sieben Winzerfamilien, die sich als Bergwinzer von Iphofen zusammengeschlossen haben, Wein wie im Mittelalter, um 1800 und um 1960 an.

Der wissbegierige Weininteressierte kann dabei den Huntsch, einen gemischten Satz in der Einpfahlerziehung aus dem Mittelalter, den Frentsch, ebenfalls ein gemischter Satz aus der Zeit um 1800 in fränkischer Kopferziehung mit drei Pfählen, und einen Gelben Silvaner in niedriger Drahtanlage aus 1960 entdecken. Die circa einstündige Zeitreise durch die Jahrhunderte der Weinbaugeschichte startet vom Iphöfer Marktplatz aus. Danach geht es durch das Rödelseer Tor, rechts in den Schwanbergweg und dann weiter den Schwanberg hinauf.

Oben angekommen hat man nicht nur bereits einen fantastischen Ausblick auf Iphofen und Umgebung, auch die schönste „Weinsicht Frankens“ 2016 erwartet einen. Das alles spielt sich mitten in einer der bekanntesten Weinlagen Frankens, dem Julius-Echter-Berg, ab. Benannt nach dem Gründer der Stiftung Juliusspital, dem Würzburger Fürstbischof Julius Echter, erlangte diese Lage vor allem Weltruhm durch eine 1950er Riesling Auslese des Weinguts Juliusspital, die anlässlich der Krönungsfeierlichkeiten von Königin Elizabeth II. im Jahre 1953 an das britische Königshaus in London geliefert wurde. Für wen es ein nicht ganz so exklusiver Wein sein darf, der sollte einfach auf den Wein des Geschichtsweinbergs zurückgreifen, den die Bergwinzer jährlich abwechselnd ausbauen. Eigentlich selbstverständlich, dass es den Iphöfer alten fränkischen Satz im klassischen Bocksbeutel zu kaufen gibt. Damit diese einstündige Wanderung nicht zu sehr zu einer Wissens-Druck-Betankung wird, wirkt man am besten mit einem gekühlten Tropfen des Geschichtsweinbergs, den es in der Tourist Information Iphofen zu kaufen gibt, entgegen. Eine Gipfeleroberung für Genießer!

TIPP
Genussvolle Weinmomente in der Vinothek Iphofen erleben.

Geschichtsweinberg Iphofen
97346 Iphofen

31

Wie Dornröschen wachgeküsst

Schloss Frankenberg in Weigenheim

Eingebettet in die malerische Kulisse des südwestlichen Steigerwalds Mittelfrankens erhebt sich das Schloss majestätisch auf dem Frankenberg. Mit seinen mittelalterlichen Türmen, umgeben von steilen Weinbergen, die sich sanft in die Hügellandschaft schmiegen, lädt das Schloss zum Entdecken einer Welt ein, in der der Wein eine zeitlose Rolle spielt.

Im Schatten der imposanten Mauern erstreckt sich das 30 Hektar große Weinanbaugebiet, das Frankenberg zu einem der beachtenswertesten Weingüter der Region macht. Doch zuerst einmal einige historische Fakten: Die urkundliche Erwähnung des Anwesens datiert zurück bis ins Jahr 1254. Danach war es über die Jahrhunderte im wechselnden Besitz unterschiedlicher fränkischer Adelsgeschlechter wie Hohenlohe oder Seckendorf, bis es schließlich 1522 an die Familie der Freiherren von Hutten fiel. Nach dem Tod des letzten von Hutten wurde das Schloss 1783 vom Ansbacher Markgrafen an seinen Oberkammerherrn Ludwig Carl von Poellnitz übergeben, um schließlich 1971 in die Hände der Familie der Freiherren von Lerchenfeld zu gelangen.

2014 fand das in einen dornröschenähnlichen Schlaf gefallene Schloss mit Prof. Dr. Dr. Peter Löw einen privaten Investor, der es nach und nach behutsam daraus erweckte. So entstand neuer Glanz in alten Mauern. Neben dem Schloss wurde auch das dazugehörige Weingut mit seinen historischen Weinberglagen, in denen ein sagenhaftes Potential schlummert, aufwendig restauriert. So entstanden neben einem kleinen Boutiquehotel auch zwei Restaurants. Das Gourmet-Restaurant Le Frankenberg verwöhnt seine Gäste in den repräsentativen Sälen des Schlosses mit französischer Küche und fränkischen Akzenten, während das Amtshaus mit klassischer regionaler Küche und modernen Einflüssen zum Wohlfühlen einlädt. Ob bei einem Fine-Dining-Erlebnis oder beim gemütlichen Beisammensein, die Weinauswahl aus Schlossabfüllung vervollständigt das besondere Erlebnis. So lässt sich der Geist von Schloss Frankenberg genussvoll im Glas erleben.

TIPP
Mit dem Bocksbeutel-Express im ÖPNV entspannt ohne Auto durchs Weinparadies fahren.

Schloss Frankenberg
97215 Weigenheim
Tel. (0 93 39) 9 71 40
www.schloss-frankenberg.de

32

Wellenglück

Eine Genussfahrt auf dem Main

Ein sanftes Plätschern, das sich mit dem Flüstern des Windes vermischt, begleitet von einer friedlichen Atmosphäre, die das historische Weinland Franken umfasst – so empfängt die Volkacher Mainschleife ihre Besucher. Diese einzigartige Landschaft, ein Geotop und Landschaftsschutzgebiet, schlängelt sich malerisch durch den unterfränkischen Regierungsbezirk, vorbei an Kitzingen und Schweinfurt. Hier, wo der Main eine natürliche Sinfonie inmitten von Gäuflächen und dem sanften Grün des Steigerwalds komponiert, beginnt eine Schifffahrt, die in Erinnerung bleibt.

Die „MS Undine", das Schmuckstück der Fränkischen Personenschifffahrt, ist bereit, ihre Passagiere mit auf die Reise durch das schimmernde Herz Frankens zu nehmen. Zwischen April und Oktober ist sie auf der nördlichen Mainschleife unterwegs und verspricht Aussichten, die man an Land nur erahnen kann.

Bei der Einschiffung in Volkach, direkt an der Station Mainlände, startet das Abenteuer. Die „MS Undine" gleitet ruhig und beständig durch das Wasser, und mit jeder Flussbiegung entfaltet sich ein neues Panorama. Die Kapelle Maria im Weingarten, ein Juwel fränkischer Sakralkunst, winkt aus der Ferne, während die Vogelsburg stolz auf einem Hügel thront. Als wären die Ufer selbst ein lebendiges Gemälde, ziehen romantische Winzerdörfer vorüber. In den Weinreben, die die Hänge zieren, verbirgt sich die Essenz des Frankenweins.

Und der Kapitän vergisst nicht, seine Gäste mit Anekdoten und Fakten zu unterhalten, während die Undine sich auf die Schleuse Wipfeld zubewegt. Nach einer bezaubernden 90-minütigen Schleifenfahrt, auf der Zeit kaum eine Rolle spielt, kehrt die „MS Undine" zurück zu ihrem Ausgangspunkt. Die Passagiere steigen aus, bereichert mit Eindrücken, die die Magie des Flusses und seiner Landschaft einfangen. Ein Andenken, das weit über das Fassbare hinausgeht. Es ist eine sanfte Entführung in die Seele der fließenden Lebensader Frankens, wo Weingeschichte, Natur und Kultur harmonisch auf den Wellen wogen.

TIPP
Gerade in der Hochsaison Fahrkarten vorher buchen!

FPS – Fränkische PersonenSchifffahrt
Hauptstraße 42
97332 Volkach am Main
Tel. (0 93 81) 71 08 80
www.mainschifffahrt.info

09 30 Uhr 11 30 Uhr
Rundfahrt
14 Uhr Heute
Undine

33

Bibel, Wein und Weisheiten

Der Meditationsweg in Neuses am Berg

In der charmanten Weinstadt Dettelbach, umgeben von historischen Mauern und Weinbergen, wartet ein kleines Paradies für Kulturinteressierte und Naturfreunde darauf, entdeckt zu werden. Neben zahlreichen Wanderwegen und kulinarischen Highlights gibt es ganz in der Nähe im Stadtteil Neuses am Berg einen ganz besonderen Pfad, der Interessierte nicht nur körperlich, sondern auch geistig in Bewegung bringt: der Meditationsweg „Bibel, Wein und Weisheiten".

Idyllisch mitten in der Weinlage „Neuseser Glatzen" gelegen, bietet der Weg alles für all jene, die auf der Suche nach Ruhe und Entspannung sind oder einfach mal die Seele baumeln lassen möchten. Die malerische Landschaft, die spannenden Einblicke in die Weinkultur und die wohltuende Stille machen diesen Ausflug zu einem unvergesslichen Erlebnis. Denn auf dem Meditationsweg befinden sich insgesamt zwölf Tafeln, die auf anschauliche Weise Zitate aus der Bibel oder Gedanken von großen Dichtern, Denkern und Philosophen wie Johann Wolfgang von Goethe oder Konfuzius mit Themen wie Gesundheit, Arbeiten des Winzers, Kulturlandschaft und Heimatbräuche verknüpfen. Genügend „Futter" hält die Bibel mit über 200 weinspezifischen Textstellen bereit.

Der Weg ist in zwei Runden aufgeteilt: die kleine Runde (sechs Informationstafeln) dauert 1 Stunde, die große Runde (zwölf Informationstafeln) dauert 2 Stunden. Beide Rundwege sind leicht zu begehen, schlängeln sich behaglich durch die Rebzeilen den Berg hinauf und eröffnen zu jeder Jahreszeit immer wieder wunderbare Ausblicke auf die malerische Mainschleife und ihre charmanten Ortschaften. Besonders reizvoll ist die Wanderung jedoch im Spätsommer und Herbst, wenn die Weinreben in voller Pracht erstrahlen und das bunte Laub mit seinen warmen Farben die Landschaft in eine ganz andere Atmosphäre zaubert. Und wer weiß, vielleicht entdeckt man ja auch sein ganz persönliches Lieblingszitat oder seine neue Lebensweisheit auf einer der Tafeln.

TIPP
Aussicht genießen auf der Aussichtsplattform an der Glatzenbergshütte mit Panoramablick ins Maintal.

Meditationsweg
„Bibel, Wein und Weisheiten"
97337 Dettelbach-Neuses
am Berg

34

Wein sinnlich erleben

Das WeinSensorikum in Volkach

Am Rande von Volkach, umgeben von Weinreben, liegt das im Jahr 1917 gegründete Weingut Römmert. Seit 2015 in neuen Händen wurde Tradition zu Region und Wein beibehalten und das Weingut stückweise modernisiert und erweitert. So wurde direkt vis-à-vis des Weinguts 2019 ein passendes Weinhotel eröffnet, das selbst im Wellnessbereich auf das Thema Wein zurückgreift. Ein Jahr zuvor wurden der Weinkeller und die Vinothek komplett neu aufgebaut und mit modernster Weinbautechnik ausgestattet. Unter anderem im Holzfasslager und im Barrique-Keller lagern die Weine, die aus den rund 20 Hektar Weinbergen, darunter auch Parzellen in einer der besten Weinlagen, dem „Escherndorfer Lump", entstehen.

Wenn man die etwa 200 Quadratmeter große Vinothek betritt, fühlt man sich in eine andere Zeit zurückversetzt. Neben einer alten Ape mitten im Raum taucht eine Musikbox samt heißen Schlagerscheiben, die an der Wand kleben und das Thema Wein aufgreifen, in der einen Ecke und ein Pac-Man-Automat in der anderen auf. Doch das absolute Highlight ist zwischen Vinothek und Weinkeller perfekt integriert und kann nur bei einer geführten Weinprobe so richtig entdeckt werden: das WeinSensorikum.

Dahinter verbirgt sich eine Erlebniswelt, die Wein mit allen Sinnen begreifbar macht. Anhand historischer Exponate und multimedialer Elemente wird Wissenswertes über den fränkischen Weinbau vermittelt. Auch über unkonventionelle Methoden der Weinherstellung erfährt man im WeinSensorikum alles, vom klingenden Beton-Ei bis zu georgischen Amphoren. Und am Ende wartet ein Blick in den grün, rot und orange leuchtenden Edelstahl- und Holzfasskeller. Unter fachkundiger Führung inklusive sorgsam kuratierter Weinverkostung der hauseigenen Gewächse begegnet man hier einer einzigartigen Verschmelzung aus Wissen und Erlebnis. Man lauscht, wie der Wein zu sprechen beginnt, in einer Symphonie aus Aromen, Farbtönen und Texturen, die sich im Glas entfalten. So kann der Wein nicht nur verkostet, sondern wahrhaft erlebt werden.

TIPP
Eine romantische Übernachtung in den hoteleigenen Weinfässern.

WeinSensorikum
Weingut Römmert
Erlachhof 1
97332 Volkach
Tel. (0 93 81) 7 18 32 00
www.weingut-roemmert.de

STAGE DOOR
BAND AND CREW
ONLY

35

Über den Dächern schöppeln

Das Weinfest im Schloss Homburg

Lust auf Wein? Dann aufgepasst, denn hier kommt selbst für Kenner der fränkischen Weinfestszene ein Geheimtipp: das Homburger Weinfest am Main im romantischen Schlosshof und Schlossgarten. An zwei Wochenenden feiern die Winzer von Homburg mit ihren Gästen ihre „fünfte Jahreszeit", traditionell angefangen mit der Abholung der Weinprinzessin.

Selbst wenn man die heimischen Spezialitäten aus der gut sortierten Weinfestküche genießt oder am ein oder anderen Homburger Schoppen nippt, sollte man mindestens auch ein Auge für die Burganlage haben. Als Hohenburg erstmals im Mittelalter erwähnt, hatte das heute als Schloss bekannte Gebäude im Laufe der Zeit unterschiedliche Besitzer. So durften unter anderem die Grafen von Wertheim und der Würzburger Fürstbischof Julius Echter das „Gemäuer" ihr Eigen nennen. Trotz namhafter Eigentümer verlor das Schloss nach und nach an Wichtigkeit und ging schließlich an die Gemeinde über. Nach kleineren Renovierungsarbeiten wurde es als Pfarrhaus, Schule und Gemeindeverwaltung mit neuem Leben erfüllt. Ende der 1990er-Jahre wurde das Schloss von außen komplett renoviert sowie der Stucksaal und die Schlosskapelle restauriert, sodass ein vielbestauntes bauhistorisches Kleinod als beliebtes Ausflugsziel entstand. Das herrschaftliche Ambiente trägt sicherlich zur Anziehungskraft bei, ebenso wie die riesige Vinothek, in der Weine aus Homburg und Umgebung serviert werden – Silvaner, Müller-Thurgau, Kerner, Weißburgunder und verschiedene Cabernets.

Traumhaft auch der herrliche Ausblick auf den „Kallmuth", eine der beiden Weinspitzenlagen Homburgs, den man vom Schloss aus genießen kann. Der Name Kallmuth hat seinen Ursprung im Lateinischen, obwohl unklar ist, ob er auf einen heißen oder kahlen Berg verweist.

Fest steht: Wenn der Kallmuth zum Weinfest-Abschluss mit einem beeindruckenden Feuerwerk spektakulär in Szene gesetzt wird, kriegt jeder glänzende Augen.

TIPP
Die Burkhardus-Gruft, eine Höhle unter dem Schloss mit spannender Legende, besichtigen.

Weinfest im Schloss Homburg
Schlossplatz
97855 Triefenstein-Homburg
am Main

36

Die fränkische „Weinhalla“

Das terroir f am Kreuzberg in Nordheim

Wenn man vor dem riesigen Kunstwerk, geschaffen von Bernhard Ziegler, am Nordheimer Kreuzberg steht, ist man erst einmal sehr beeindruckt. Dieses einzigartige Wandgemälde sucht seinesgleichen, nicht nur in der Region. Es erstreckt sich über eine Länge von 16 Metern und eine Höhe von etwa 2,5 Metern und trägt das Motto „Weinpersönlichkeiten, Berufe, Charaktere und Legenden: Wein ist lebendig“. Auf humorvolle Weise und mit einem Augenzwinkern werden hierbei Themen rund um den Weinbau dargestellt.

Es lohnt sich, das Bild genauer zu betrachten, und wie in einem Wimmelbild entdeckt man immer wieder neue Facetten und Details. So erzählt es von der Arbeit im Weinberg und Keller sowie von der fränkischen Weinkultur und dem Weingenuss.

Da sieht man zum Beispiel einen coolen Jungwinzer, dessen Silvaner rockt, oder unvorsichtige Lesehelfer, die schon mal mit ihrer Bütte auf dem Rücken das Gleichgewicht verlieren und samt Trauben in den Hänger fallen. Klar, dass die Wahl zur Fränkischen Weinkönigin nicht fehlen darf und ebenfalls bildlich verewigt wurde, genauso wie das selbstbewusste und patriotische Auftreten Frankens gegenüber Bayern. Dies geschieht in Gestalt von „Frankonia“, die im Stile der französischen Marianne inmitten des ganzen Treibens auftaucht und völlig berauscht vom Wein mit Trauben und Bocksbeuteln versehentlich dem Bayerischen Löwen auf den Schwanz tritt.

Selbstverständlich kommt der Genuss auf dem Wandbild ebenfalls nicht zu kurz. Denn schließlich soll Wein genossen werden. Sei es im Keller oder an einer festlichen Tafel mit typisch fränkischen Gerichten wie Schäuferla und Bratwürsten. Wenn man ganz genau hinschaut, entdeckt man sogar die Reblaus, die nicht nur den fränkischen Reben fast den Garaus gemacht hat.

Wie immer gilt bei den terroir-f-Punkten: Auch die Aussicht ist traumhaft schön. Dies gilt auch für Nordheim. Kein Wunder, dass für diesen Punkt die mit 319 Hektar Rebfläche zweitgrößte Weinbaugemeinde im Anbaugebiet Franken ausgewählt wurde.

TIPP
An diesem Ort darf auch standesamtlich geheiratet werden!

terroir f Kreuzberg
Nordheimer Kreuzberg
97334 Nordheim am Main

37

Im Zeichen des Rotweinglases

Der Fränkische Rotwein Wanderweg

Der Name des Fränkischen Rotwein Wanderweges ist Programm – entlang der Route findet man immer wieder Hinweise in Form eines stilisierten Rotweinglases, um sicherzustellen, dass man sich nicht verläuft. Es spielt keine Rolle, ob man allein wandert oder in Begleitung von Freunden oder Familie unterwegs ist – dieser Weg verspricht ein unvergessliches Abenteuer voller Genussmomente und atemberaubender Ausblicke. Seit 1990 gibt es diesen Wanderweg, der die Weinlagen in Churfranken auf einer Strecke von 79 Kilometern verbindet und für Genießer und Naturliebhaber eine wunderbare Gelegenheit bietet, malerische Weinlandschaften zu entdecken. Die Region Churfranken ist weithin bekannt für ihre hervorragenden Früh- und Spätburgunderweine. Natürlich steht deshalb auf den einzelnen Etappen beim Wandern auch der Geschmack der Weine im Vordergrund. Man sollte also den ein oder anderen Einkehrschwung bei einem der zahlreichen Weingüter fest einplanen, um dabei die Rotweine direkt bei den Winzern zu probieren.

Die abwechslungsreiche Landschaft am Fränkischen Rotwein Wanderweg beeindruckt zu jeder Jahreszeit: Im Mai erlebt man das Erwachen der Rebstöcke aus ihrem Winterschlaf; im Juni präsentieren sich die Rebblüten in ihrer vollen Pracht; im Hochsommer erstrahlen die Weinberge in einem saftigen Grün. Ab Mitte August färben sich die Trauben und Ende September beginnt schließlich die Lesezeit. Im Oktober taucht das herbstliche Laub alles in ein warmes Rot. Selbst im Winter, wenn die Reben kahl sind, offenbart sich dem Wanderer eine atemberaubende Aussicht auf das Maintal. Besonders empfehlenswert ist die letzte Etappe von Großheubach nach Bürgstadt. Denn auf 15,2 Kilometern führt der Weg unter anderem auch durch das malerische Miltenberg mit seiner bezaubernden Altstadt und dem Schwarzviertel samt vieler schöner Fachwerkhäuser. Bürgstadt, das Ziel dieser Etappe, lockt dagegen mit der Churfrankenvinothek, in der über 300 Weine, Spirituosen, Perl- und Schaumweine auf die durstigen Wanderkehlen warten.

TIPP
Sich Bier und Wein in der Klosterschenke des Franziskanerklosters Engelberg schmecken lassen.

Fränkischer Rotwein Wanderweg
Etappe 6 von Großheubach nach Bürgstadt
www.churfranken.de/aktiv-kultur/fraenkischer-rotwein-wanderweg

38

Wein ist gesund!

Wörners Schlossweingut in Neuses am Sand

Beschaulich liegt das ehemalige Wasserschloss in Neuses am Sand. Seit 1498 ging es durch unterschiedliche Hände, bis es schließlich 1936 Stück für Stück in den Besitz der heutigen Eigentümerfamilie Wörner gelangte. Zuerst landwirtschaftliches Gut, wurde ab 1973 der Weinbau etabliert. 1998 eröffneten Harald und Sandra Wörner, die aktuelle Generation am Ruder, im Schloss ein Hotel, das 2006 um ein Restaurant erweitert wurde. Seitdem kann im Schloss übernachtet, gegessen, getagt und gefeiert werden.

Zu einem besonderen Weinort wurde das Schloss, nachdem sich Harald und seine Frau Sandra seit 2007 unter anderem intensiv mit der asiatischen Feng-Shui-Lehre oder weiteren energetischen Prozessen auseinandergesetzt haben. Denn nach diesen energetischen Prinzipien haben die beiden ihr gesamtes Handeln ausgerichtet, um ihren Gästen während ihres Aufenthaltes ein Höchstmaß an Wohlbefinden zu bieten. Dies gilt seit dem Jahr 2007 für den Schloss- und Hotelbetrieb und seit dem Jahr 2008 auch für den energetischen Weinbau mit den sogenannten Cosmoweinen. Im Jahr 2014 erfolgte schließlich die Zertifizierung des Betriebes mit der Marke Vitaler Genuss.

So entstand unter anderem auch das Genuss-Event „Weinbaden & mehr". Hierbei sollen die Teilnehmenden an besonders ausgewählten Orten mit allen Sinnen mit der Natur in Resonanz treten und die gesteigerte Energie wahrnehmen. Nach einer Einführung und dem Kennenlernen in der Gruppe geht es in die schlosseigenen Weinberge, die ein solcher Kraftort sind. Dort soll mit Meditationen, Achtsamkeits- und Entspannungsübungen das Bewusstsein für die Liebe, die Freude und die Dankbarkeit im gegenwärtigen Moment gestärkt werden. So nimmt man in der Stille mit allen Sinnen die Düfte, Winde, Geschmäcker und Aromen der Umgebung wahr. Eine Fünf-Sinnes-Weinprobe mit den gutseigenen Cosmoweinen rundet das „Weinbaden" auch innerlich ab und sorgt dabei noch für zusätzliche Gaumenfreuden.

TIPP
Das Weinfest „Wein im Frei'n" in der Altstadt von Prichsenstadt im Juni.

Wörners Schlossweingut
Neuses am Sand 21
97357 Prichsenstadt-Neuses am Sand
Tel. (0 93 83) 69 05 18
www.woerners-schloss.de

Restaurant

Gelebte Tradition

Der historische Weinberg in Wipfeld

Das Winzerdorf Wipfeld liegt inmitten des Fränkischen Weinlandes zwischen Schweinfurt und Würzburg. Die Weinberge, die wertvolle alte Bausubstanz und die idyllische Lage zwischen Main und Weinbergen prägen den geschichtsträchtigen Ort. Wengert, Wein und Wipfeld, das fränkische WWW, gehören bereits in jahrhundertelanger Symbiose zusammen. Der Wein ist aus Wipfeld einfach nicht wegzudenken. Der Weinbau wurde bereits 1244 urkundlich erwähnt, denn die Wipfelder fielen vor allem im Mittelalter mehrfach bei der geistlichen Obrigkeit negativ auf. So sollen die schlauen Winzer, natürlich war dies reine Unterstellung, den guten Wein im eigenen Keller behalten und nur den schlechten Wein als Zehnt abgeliefert haben. Nicht selten war der Fürstbischof als Schlichter zur Stelle.

Heute muss nichts mehr von den typisch fränkischen Rebsorten wie Silvaner, Müller-Thurgau, Bacchus, Domina oder Spätburgunder, die auf den tiefgründigen Muschelkalkböden gedeihen, abgeführt werden. Auf gut 85 Hektar Weinbergen pflegen zahlreiche Haupt- und Nebenerwerbswinzer in der berühmten Lage „Wipfelder Zehntgraf" ihre Reben und lassen die Weintradition weiterleben.

Diese Tradition wird auf etwas andere Art und Weise im historischen Weinberg „Anno Domini", einem der ältesten ununterbrochen bestockten Weinberge Frankens, gelebt und vor dem Aussterben bewahrt. Seit 1723 wird der Wengert an der Wipfelder Kirchsteige direkt neben der Kirche im „Alten fränkischen Satz", einer traditionellen Anbauweise, bepflanzt. Auf diese Weise begegnen die Winzer den Unbilden der Natur. Unterschiedliche Rebsorten werden gemeinsam gepflanzt und geerntet. Das Ergebnis sind Weine, die durch einzigartige Komplexität, Geschmacksvielfalt und Charakter überzeugen. Auch heute noch finden sich hier die traditionellen, alten Rebsorten wie Elbling, Junker, Muskateller oder Österreicher, die Urform des Silvaners. Man sollte ein Gläschen probieren und es wie Walther von der Vogelweide halten, der angeblich sagte: „Wirt schenk ein einen Becher guten Wein!"

TIPP
Wipfeld auf dem historischen Celtis-Rundweg erkunden und am historischen Weinberg vorbeikommen.

Historischer Weinberg
„Anno Domini"
Kirchberg 13
97537 Wipfeld
www.anno-domini-wipfeld.de

40

Mons Dei

Die Vogelsburg bei Volkach

Die Vogelsburg im Herzen des Fränkischen Weinlandes thront majestätisch auf einer Anhöhe über der Mainschleife nahe Volkach und bietet einen Ausblick, der die Herzen von Weinliebhabern und Kultursuchenden höherschlagen lässt. Der Blick auf die sanft geschwungenen Weinreben ist ein „panoramisches" Meisterwerk, das Einheimische wie Besucher immer wieder verzaubert. Doch die Vogelsburg ist weit mehr als nur eine Aussichtsplattform; sie ist ein Ort, an dem Geschichte, Kultur und Genuss eine Sinfonie der Sinne erzeugen. Ihre Ursprünge reichen zurück bis ins Jahr 1232, als die Burg erstmals urkundlich erwähnt wurde. In ihrer wechselvollen Geschichte diente sie vor allem als Kloster und wurde durch den Orden der Augustinerinnen als Ort der Begegnung, der Spiritualität und als Wiege des ökologischen Weinbaus entscheidend geprägt. Schon seit dem 15. Jahrhundert wird die Vogelsburg oder vielmehr der Berg, auf dem sie steht, auch „Mons Dei" (lateinisch für Gottesberg) genannt.

Die Renaissance der Vogelsburg begann, als sie von November 2013 bis Juni 2016 liebevoll restauriert und in einen modernen Hotel- und Tagungsbetrieb mit Gaststätte umgewandelt wurde, ohne dabei den historischen Charakter zu verlieren. Die Verantwortlichen haben mit Hingabe alte Strukturen erhalten und neue, stilvolle Elemente integriert. Der Weingarten beispielsweise, in dem Gäste unter schattigen Bäumen sitzen und mit einem sensationellen Ausblick auf Mainschleife und grüne Weinhänge ihre Mahlzeiten genießen können, bietet eine Kulisse, die ihresgleichen sucht. Nicht nur dieses Weinpanorama trägt dazu bei, dass die Vogelsburg als beliebtes Ausflugsziel bekannt ist. Ganzjährig wird zu stilvollen Veranstaltungen eingeladen, von Weinproben in historischem Ambiente bis hin zu kulturellen Festen. Wer einmal die Stufen zur Vogelsburg erklommen und den atemberaubenden Blick auf den Main und die Weinberge genossen hat, wird den Zauber dieses Ortes noch lange in sich tragen.

TIPP
Bei heißem Wetter lädt der Main samt Strand unterhalb der Vogelsburg zur Abkühlung ein.

Vogelsburg
Vogelsburg 1
97332 Volkach
Tel. (0 93 81) 7 10 89 70
www.vogelsburg-volkach.de

41

Sagenhafter Wein

Das Weingut Laudens Bach in Frickenhausen

Der Namensgeber des kleinen Weinguts am Ortsrand von Frickenhausen geht auf eine Sagengestalt aus dem 15. Jahrhundert zurück. Den Kopf eines Schafbocks und einen Dudelsack auf dem Rücken soll sie in eiskalten Winter-Nebelnächten durch die Weinberge Frickenhausens auf der Suche nach am Boden liegenden Trauben geschlichen sein. Laudens Bach probierte und sobald er süße, wohlschmeckende Trauben fand, blies er seinen Dudelsack so „laud“, dass jeder wusste, dass die richtige Zeit für die Eisweinlese gekommen war. Wie es mit Sagen nun mal so ist: Was ist Dichtung, was ist Wahrheit? Jedenfalls haben die Frickenhausener Brüder Rolf und Reiner Laudenbach sich mit dieser sagenhaften Story und einer gehörigen Portion Augenzwinkern einen lang gehegten Wunsch erfüllt: das eigene kleine Weingut.

Doch was wäre ein Weingut ohne Wein? Hier kommt die Dritte im Bunde, Steffi Fröhlich, ins Spiel. Selbst aus einer Winzerfamilie stammend, baute sie das Gut von Anfang an mit auf und sorgt als Betriebsleiterin dafür, dass die Weinberge bestellt, die Fässer voll und letzten Endes die Flaschen gefüllt sind. Gemeinsam verlässt das sagenhafte Trio gerne mal eingeschlagene Wege und probiert im Keller Neues und Unerwartetes aus. So entstehen schon mal ein fränkischer Lambrusco, ein hefetrüber Kerner oder mit dem „Lämmle“ eine Weinschorle in der Flasche. Eines haben sie und alles, was noch im Keller des kleinen Weinguts blubbert, gemeinsam: Alles ist bio und manches davon sogar vegan. Das Wichtigste ist ihnen bei aller Experimentierfreude jedoch immer, dass dabei bodenständige Weine mit entsprechender Qualität entstehen.

Neben sagenumwobenen Geschichten und eigenständigen Weinkreationen bietet das Weingut auch eine Geocaching-Tour durch die Guts-Weinberge mit einem guten Tropfen am Ende. Bei wem sich die Rätselfreude in Grenzen hält, der greift zum gefüllten Wanderrucksack für mehrere Personen. Wer weiß, vielleicht stößt man in einer neblig-feuchten Nacht in den Weinbergen auf die sagenhafte Gestalt.

TIPP
Übers Jahr finden verschiedene legendäre Hoffeste statt.

Weingut Laudens Bach
Segnitzerstraße 35
97252 Frickenhausen
Tel. (0 93 31) 32 86
www.laudensbach.de

42

Wasser, Wein und Welterbe

In der Kurstadt Bad Kissingen

Wenn man an Weinfranken denkt, fällt einem direkt auch die dazugehörige Lebensader, der Main, ein. Es gibt jedoch, neben kleineren Flüsschen und Rinnsalen, noch einen relevanten Fluss in Weinfranken: die Saale. An ihr liegt unter anderem neben Hammelburg, Frankens ältestem Weinort, auch die Kurstadt Bad Kissingen. Bekannt für seine Vielzahl an Kur- und Rehakliniken sowie Privatsanatorien verschiedenster Bereiche und seine klassische Bäderkultur mit dem Wasser aus den sieben belebenden Quellen, das beim Trinken in der Wandelhalle, beim Atmen am Gradierbau oder beim Baden in der KissSalis Therme seine Wirkung entfaltet, zieht es „Kurlauber" von nah und fern an.

Der Zahn der vergangenen Kur-Hochzeiten nagt zwar auch etwas an Bad Kissingen, jedoch versprüht die Stadt in Unterfranken immer noch ihren besonderen Charme. Die einen verspielen vielleicht der Oma ihr klein Häuschen in der örtlichen Spielbank, andere flanieren auf der Erlebnisroute Wasser durch den Kurpark und erleben nicht nur die heilende Kraft des Wassers am eigenen Leib, sondern vor allem auch das Kurgartenensemble. Unter anderem ist dies maßgeblich dafür verantwortlich, dass Bad Kissingen 2021 als eine von elf Städten zum UNESCO-Welterbe „Great Spa Towns of Europe" ernannt wurde.

Moment: In diesem Buch sollte es doch eigentlich um Wein gehen und nicht um Wasser! Korrekt, doch ohne Wasser eben auch kein Wein. Bereits Jesus wusste das und sorgte durch ein kleines Wunder dafür, dass der Nachschub an Wein bei einer Hochzeit nicht ausging. Von solchen Wundern ist in Bad Kissingen zwar nichts bekannt, doch an einem Ort geht der Wein ganz sicher nicht aus. In der Regionalvinothek KissVino im alten Rathaus kann man 50 ausgesuchte Weine von zehn Winzern aus „Frankens Saalestück", wie sich die Weinregion um Bad Kissingen selbst bezeichnet, erleben und genießen. Direkt im Erdgeschoss befindet sich die Theke und somit das Ticket zu einer Weinreise mit allen Facetten, die der fränkische Saalewein zu bieten hat.

TIPP
Auf den Spuren der Kaiserin Sisi wandeln und ihre Lieblingsorte in der Kurstadt entdecken.

KissVino
Marktplatz 12
97688 Bad Kissingen
Tel. (0 97 32) 8 99 34 02
www.kissvino.de

Kiss Vino

43

Lagenspaziergang

Centgrafenberg-Rundwanderung in Bürgstadt

Wer in Bürgstadt Urlaub macht, kann sich auf kulinarische und Weinfreuden freuen. Der Ort ist von einer malerischen Naturkulisse umgeben und zählt zu den bedeutendsten Weinbauorten Frankens, vor allem für Rotwein. Höchste Qualität zeichnet den Bürgstadter Wein aus, der liebevoll „Börscheder“ genannt wird. Der Weinort in der Region Churfranken hat aber noch viel mehr zu bieten. Als offizieller bayerischer Genussort gehören das gepflegte Ortsbild, die idyllische Landschaft sowie die ausgeprägte Weinkultur zum großartigen Dorfensemble.

Dieser Weinkultur steht unter anderem in der Weinlage „Centgrafenberg“ eine besondere Bedeutung zu. Die Süd- und Steilhänge des Bergs bieten den idealen Boden für hervorragende Burgunder-Rotweine. Die Sandstein- und Lehmböden sind dagegen ideal für gehaltvolle Weißweine wie Riesling und Silvaner. Eine zweistündige Rundwanderung auf allwettertauglichen Wegen zeigt nicht nur die Schönheiten der Region um Bürgstadt, sondern auch die historische Steillage „Hundsrück“, die im Jahr 2011 revitalisiert wurde. Während der Wanderung wird Wissenswertes über die Bodenbeschaffenheit, die Anbaumethoden und die historisch bedingte Zersplitterung der Weinberge durch das alte Erbrecht der Realteilung vermittelt. Die zehn Weingüter in Bürgstadt bemühen sich seit Jahrzehnten, ihre Weinberge, die über verschiedene Lagen verteilt sind, zusammenzulegen, zu tauschen oder zu kaufen, um die Bewirtschaftung zu erleichtern.

Auf einen Rundgang im Centgraf startet man am besten vom Bürgstadter Renaissance-Rathaus aus den Jahren 1590 bis 1592 und gelangt über die Maingasse, die Streckfußstraße und den Höhenbahnweg stadtauswärts. Am Weingut Fürst vorbei, das für seine hervorragenden Früh- und Spätburgunder bekannt wurde, führt der Weg mit Schautafeln zum pittoresken Centgrafenpavillon, von da an bergab durch die reizvolle Landschaft. Am Ende der Wanderung geht es zurück in den Ortskern.

TIPP
Im Juni findet mit der Weinkulturnacht in Bürgstadt ein einzigartiges Event statt.

Centgrafenberg-Rundwanderung
63927 Bürgstadt

Blasmusik und Burgmauern

Das Kirchenburgweinfest in Hüttenheim

Etwa 30 Kilometer von Würzburg entfernt befindet sich das idyllische Dorf Hüttenheim, das bei Weinkennern bekannt ist. Vor allem während der Weinlesezeit erstrahlt Hüttenheim inmitten der Weinreben regelrecht. Zahlreiche gemütliche Heckenwirtschaften laden dann dazu ein, den heimischen Wein zu genießen.

Ein Rundweg, der Hüttenheimer Dorfspaziergang, führt durch die Geschichte des Weinorts und an allen wesentlichen Sehenswürdigkeiten wie den beiden Kirchen, dem Ebracher Schultheißenhof, der ehemaligen Synagoge und dem mittelalterlichen Burgstall des Deutschherrenordens vorbei. Krönung des Spaziergangs ist die Kirchenburganlage, deren älteste Teile aus den Jahren um 1300 stammen und früher als Wehr-, Zufluchts- und Lagerstätte dienten. Die beiden Kirchtürme sind von überall gut zu sehen und weisen den Weg in die Ortsmitte des romantischen Weinorts zur bedeutenden Kirchenburganlage, einer der am besten erhaltenen Gadenkirchenburgen Frankens. Sie steht auch heute noch im Mittelpunkt des Dorfgeschehens, prägt diesen Winzerort seit mehr als 700 Jahren und bietet für unterschiedliche Veranstaltungen eine ganz besondere Atmosphäre.

Ein besonderes Highlight ist das jährliche Weinfest am 3. Wochenende im August. Im Willanzheimer Ortsteil kann dann innerhalb der historischen Mauern der ein oder andere Schoppen Wein samt fränkischen Spezialitäten genossen werden, während man den einzigartigen Charme des Ortes und das traumhafte Ambiente auf sich wirken lässt. Das Kirchenburgweinfest in Hüttenheim wurde übrigens nach den Richtlinien von „Franken – Wein.Schöner.Land!“ als eines der schönsten Weinfeste Frankens ausgezeichnet. Dass dies auch weiterhin so bleibt und sich die zahlreichen Gäste wohlfühlen, dafür setzen sich die örtlichen Vereine – Weinbauverein, Sportverein und Landjugend – ein, die das beliebte Fest organisieren. Wenn dann auch noch „die Musi spielt“ und unterschiedliche Blasmusikgruppen die ehrwürdigen Kirchburgmauern zum Beben bringen, ist die Stimmung auf ihrem Höhepunkt!

TIPP
Eine Führung durch die Kirchenburg sollte man sich nicht entgehen lassen.

Kirchenburgweinfest Hüttenheim
Hüttenheim 95
97348 Willanzheim

Das Phänomen der Heckenwirtschaften in Franken

Egal ob **Buschenschank, Straußenwirtschaft oder Besen,** der Kenner weiß, es geht um temporäre Wirtschaften in verschiedenen Weinanbauregionen. Wie viele solcher Weinwirtschaften es in Franken, dort besser als „Heckenwirtschaften" bekannt, gibt, lässt sich schwer schätzen. Zweimal im Jahr, meist im Zeitraum von September bis April, wird für jeweils etwa acht Wochen ein Busch oder eine Fahne, die in Franken oft als Erkennungsmerkmal dienen, vor die Tür gehängt. Es ist dann Zeit für einen schönen Schoppen Wein und gute, deftige fränkische Hausmannskost.

Das ist **gelebte Tradition,** die vermutlich auf einen Erlass von Karl dem Großen im Jahr 812 zurückgeht und erlauben sollte, überschüssigen, selbst angebauten Wein zu verkaufen. Früher wurde dafür schon mal das eigene Wohnzimmer der „Häcker" (so wurden die fränkischen Winzer bezeichnet und davon leitet sich der Begriff auch ab) ausgeräumt, um bis zu 40 Gästen Platz zu bieten. In der heutigen Zeit kommt dies eher selten vor, inzwischen findet man sich im umgebauten Keller oder der Scheune wieder. Manche Heckenwirtschaften liegen mitten in den Weinbergen zwischen oder am Fuße der Reben.

In der Heckenzeit sollte man sich einen der begehrten und meist rar gesäten Plätze, falls überhaupt möglich, reservieren oder muss kurze bis längere Wartezeiten in Kauf nehmen. Wer es schafft, kommt in den Genuss eines besonderen Erlebnisses, das eventuell auf den einen oder anderen befremdlich wirken könnte. Denn man rückt eng zusammen, um den vorhandenen Platz optimal auszunutzen. Es wird **gemütlich, weinselig und gesellig** und man sollte keine Berührungsängste mitbringen. Die Heckenwirte, echte Charakterköpfe der Region, verstehen es, aus jedem Abend etwas Besonderes zu machen. Mit Anekdoten garnieren sie das gastronomische Angebot, das vom fränkischen Schäuferla bis zum klassischen Kloß mit Soß reicht. Ein Besuch in diesen **saisonalen Wirtschaften** gleicht einer Zeitreise zurück zu den Ursprüngen des Genusses und der geselligen Zusammenkunft. Hier entstehen echte „Weinbiotope", in denen man realen Menschen begegnen kann. Etwas, das in unserer modernen, schnelllebigen Welt zunehmend Seltenheitswert hat.

Offene Heckenwirtschaften in Franken findet man online unter www.heckenwirtschaften-franken.de

Und wenn man schließlich den Heimweg antritt, den vollen Geschmack des Weins auf der Zunge und die herzliche Gastfreundschaft noch im Sinn, bleibt die Gewissheit, etwas Echtes, Ursprüngliches erlebt zu haben. So wartet man schon freudig auf die nächste Heckenzeit, um erneut einzukehren und den Alltag hinter sich zu lassen in dieser kleinen fränkischen **Oase der Entschleunigung**. Daher sollte man auf alle Fälle den Sprung ins Ungewisse wagen, die Heckenzeit nutzen und spannende Menschen beim „Schöppeln" eines Silvaners treffen. „Wo ein Büscherl hängt und ein Lichterl brennt, da kehrst du ein, da gibt's einen guten Wein." Dieses fränkische Sprichwort könnte treffender nicht sein, um das zu beschreiben, was die Heckenwirtschaften in Franken so einzigartig macht.

45

Staatswein aus dem Welterbe

Der Staatliche Hofkeller in Würzburg

Es begab sich zu jener Zeit, als Embricho Bischof zu Würzburg war – klingt irgendwie angestaubt, aber genauso war das damals im Jahr 1128. Bischof Embricho schenkte ein paar Ordensbrüdern ein Grundstück in Zell zur Gründung eines Klosters. Das Motto „Ora et labora" setzten diese in die Tat um und man begann mit dem Weinanbau. Natürlich nicht nur rein für den Eigenbedarf, sondern man lieferte vor allem fleißig an Embricho ab. Denn der Weinbaubetrieb, zu dieser Zeit Fürstbischöflicher Hofkeller genannt, war eine fürstbischöfliche Einrichtung. Dies blieb er auch jahrhundertelang, bis die Säkularisierung zuschlug und Würzburg ins bayerische Hoheitsgebiet eingegliedert wurde. Ab diesem Zeitpunkt, das war 1814, profitierte mit dem „Kini" die bayerische Krone vom Rebensaft aus den besten Lagen. Namentlich schlug sich der neue Eigentümer ebenfalls nieder und das Weingut firmierte in diesem Zeitraum unter „Königlich Bayerischer Hofkeller". 1918 wehte erneut der „Wind of Change" durch Bayern. Das Ende der Monarchie wurde eingeläutet, das Weingut ging ins Eigentum des Freistaates Bayern über und die letzte Umbenennung in „Staatlicher Hofkeller" wurde gleichzeitig umgesetzt. Somit war der Hofkeller seit Gründung immer im Besitz der jeweils regierenden Macht.

Was über die ganze Zeit hinweg gleich blieb, waren die hervorragenden Weine, die hier die Flasche und das Weinglas erblickt haben. Zuvor lagerten viele von ihnen im Kellergewölbe, durch Balthasar Neumann zwischen 1720-1744 erbaut. Dieses wurde 1981 gemeinsam mit der darüber liegenden Residenz von der UNESCO zum Weltkulturerbe ernannt. Im Nordflügel befinden sich circa 300 Holzfässer im Weinkeller, die ungefähr 700.000 Liter fassen können. Das klingt viel, wird aber auch dringend benötigt und durch die Stahltanks im Südflügel-Keller ergänzt. Denn das Weingut mit seiner fast 900-jährigen Geschichte ist mit einer Rebfläche von 120 Hektar und einer jährlichen Produktion von circa 800.000 Flaschen das drittgrößte Weingut in Deutschland.

TIPP
Jährliches Hofgarten-Weinfest in unvergleichlicher barocker Kulisse.

Staatlicher Hofkeller
Residenzplatz 3
97070 Würzburg
Tel. (09 31) 3 05 09 23
www.hofkeller.de

46

Rebenspiel im Amphitheater

Das terroir f in Eibelstadt

Ein Blick auf das Stadtwappen von Eibelstadt reicht bereits aus, um durch die Rebe in den Klauen des Löwen direkt zu wissen, dass sich hier einiges um Wein dreht. Bereits seit dem 13. Jahrhundert waren so einige einflussreiche Persönlichkeiten der Zeitgeschichte heiß auf den Wein aus Eibelstadt. Die Würzburger Geistlichkeit sowie die Reichsmarschälle von Pappenheim genossen ganz besonders gerne den Wein aus diesem Ort, weshalb im Jahr 1309 sogar das Domkapitel in Würzburg spezifisch den „Stein“ aus Eibelstadt anforderte und fast wöchentlich ein Fuhrwerk samt Wein Richtung Pappenheim fuhr. Bis ins 18. Jahrhundert hinein wurde die Qualität des Weines aus Eibelstadt in unterschiedlichen Lexika stets mit romantisch-verklärtem, fast schwärmerischem Lob wie zum Beispiel „Dessen Weine haben einen Vorzug vor anderen“ (1747) oder „Hier wächst ein vorzüglicher Frankenwein“ (1779) überschüttet.

Diese geballte Weinhistorie schlägt sich auch noch heute nieder und wird immer wieder in den Weinfesten auf dem historischen Marktplatz lebendig. Selbsterklärend, dass diese immer eine Reise wert sind. Doch nicht nur beim Trinken kann man in Eibelstadt die Weingeschichte erleben, sondern auch bei einem kleinen Spaziergang im Eibelstadter Kapellenberg. Diese Weinlage besticht nicht nur durch ihren beeindruckenden Blick auf die Altstadt des Weinorts und das Maintal, sondern auch durch das örtliche terroir f. In einer bemerkenswerten Architektur, die an ein Amphitheater erinnert, schmiegt es sich an den Hang, interpretiert die traditionelle Weinbergsmauer völlig neu und darf als Hinweis darauf verstanden werden, wie sehr der Weinbau die Landschaft prägt.

Im Mittelpunkt an diesem terroir f stehen die unterschiedlichen Rebsorten samt ihrer Geschichte. Anhand von Sitzsteinen, einer kunstvoll gestalteten Stahlwand und angebauten Rebsorten kann man spielerisch erlernen, woran man sie erkennen und zuordnen kann. Mit diesem vinophilen Grundwissen schmeckt das nächste Glas Wein gleich besser.

TIPP
In die Luft gehen im nahen Hochseilgarten Frankenturm (www.hochseilgarten-frankenturm.de).

terroir f Eibelstadt
Eibelstadter Kapellenberg
97246 Eibelstadt

Die magischen Orte des fränkischen Weines
Weinlage
Eibelstadter
Kapellenberg
Reben
Spiel
Welche ist die deutsche Rotweinsorte Nr. 1?
Woher stammt der Silvaner?
Was ist Ampelographie?
eben
dunkelgrün
SAUVIGNON BLANC
Reben
Spiel

47

Von der Lese zum Genuss

Der Weinwanderweg in Ipsheim

Im Schatten einer majestätischen Burg, umgeben von der malerischen Landschaft des Naturparks Frankenhöhe, verbirgt sich der Weinort Ipsheim. Steile Weinberge, weitreichende Wälder und eine Aussicht, die das Herz jedes Wanderers höherschlagen lässt, zeichnen diesen historischen Ort aus.

Glänzend über den Dächern von Ipsheim thront die Burg Hoheneck, eine Wächterin vergangener Zeiten und stumme Erzählerin Tausender Geschichten. Sie überblickt die zahlreichen Rebanlagen, auf denen der Ipsheimer Wein mit Liebe und Hingabe zur Vollendung reift. Leider ist sie nicht öffentlich zugänglich und kann somit nicht besichtigt werden. Doch auch ohne Burg ist es ein Vergnügen, durch die Landschaft zu wandern. So bietet zum Beispiel der Ipsheimer Weinwanderweg idyllische Ecken und kulinarische Begegnungen nicht nur mit Wein. Er führt durch diese einzigartige Weinlandschaft im Aischgrund. Auf dem Rundweg wartet mit der Kapelle im Weinberg ein stilles Kleinod, ein wahres Juwel. Vielleicht genau die richtige Möglichkeit, etwas Zeit in einen persönlichen Moment der Einkehr und Stille zu investieren?

Still bestaunt werden kann auch die Aussicht vom örtlichen terroir f, das ebenfalls auf dieser Wanderung wartet. Wieder wurde ein besonderer Ort mit schönem Panoramablick über die Weinberge und ins untere Aischtal für dieses terroir f ausgewählt. Inhaltlich beschäftigt er sich mit der Weinbereitung. Die Decke eines Pavillons wurde mit Begriffen, die den Entstehungsprozess der Weinherstellung aufgreifen, gestaltet. „Wein gärt" ist dort genauso zu lesen wie „Von der Lese zum Genuss". Letzterer sollte auf der Wanderung auf keinen Fall zu kurz kommen, denn entlang des Weinwanderweges wartet von Mai bis Oktober mit dem „Weinnest" das Bewirtungshaus des Weinbauvereins Ipsheim darauf, mit seinem gastlichen Charme erlesene Tropfen und fränkischen Gaumenschmaus zu servieren. Ob eine herzhafte Vesper oder ein süßes Stück Kuchen – die Pause bei atemberaubender Aussicht bleibt unvergessen.

TIPP
Es lohnt ein Ausflug in den nahen Freizeitpark Freizeit-Land Geiselwind.

Ipsheimer Weinwanderweg
91472 Ipsheim

48

Romantik ohne Ende

Das Romantik Hotel & Weingut Zehntkeller

Als ob es nicht bereits romantisch genug zugehen würde im malerischen Iphofen mit seinen zahlreichen Fachwerkhäusern und der komplett erhaltenen Wehranlage, bietet es die optimale Szenerie für die unterschiedlichsten emotionalen Veranstaltungen. Auch die traumhafte Natur rund um den pittoresken Ort lässt die Herzen höherschlagen. Durch idyllische Weinberge oder verwunschene Wälder wandern und auf sonnigen Wiesen unter schattigen Obstbäumen picknicken. Das ist doch genau das richtige Rezept für die Zeit zu zweit.

Und das ist wahrlich nur die Spitze des Romantik-Eisbergs, denn als ob das alles noch nicht genug wäre, bietet sich mit einem waschechten Romantik-Hotel mitten im Herzen Iphofens der optimale Ausgangspunkt für die gemeinsame „Date Night“ an. Der Zehntkeller, seit dem Jahre 1917 im Besitz der Gastgeberfamilie Seufert, wartet dabei mit seinen gemütlichen Zimmern nicht nur auf Pärchen. Jedes Zimmer ist stilvoll und mit Bedacht in warmen Farbtönen gestaltet und mit ausgesuchtem Mobiliar im französischen Stil eingerichtet. Das lädt zum Träumen ein und man kann der Hektik des Alltags getrost Lebewohl sagen, bis der Hunger einen wieder hinaus in die Welt treibt.

Gut, dass im hoteleigenen Restaurant bezaubernde kulinarische Kreationen serviert werden. Fränkische Spezialitäten, mit Liebe zubereitet und von der Jahreszeit geprägt, verschmelzen mit den erlesenen Weinen aus dem eigenen Bio-Weingut zu Welten, die den Aufenthalt zum reinen Genuss werden lassen.

Damit der Wein ins Glas kommt, bewirtschaftet das Weingut am Fuße des malerischen Schwanbergs 27 Hektar Weinberge, die dann im Gewölbekeller, drei Etagen tief unter der Erde, in traditionellen Barriquefässern und modernen Edelstahltanks reifen. Der Zehntkeller-Sekt wird hier ebenfalls in Handarbeit nach dem Champagner-Verfahren selbst ausgebaut. Wenn man dann bei einer Führung samt Kerzenschein in diese besondere Atmosphäre eintaucht und ein Glas der „fränkischen Bubbles“ probiert, ist überschäumende Leidenschaft garantiert.

TIPP
Im angeschlossenen Gutshof kann wunderbar geheiratet werden.

Romantik Hotel & Weingut Zehntkeller
Bahnhofstraße 12
97346 Iphofen
Tel. (0 93 23) 84 40
www.zehntkeller.de

49

Diogenes würde staunen

Das Oberndorfer Schlummerfass

Diogenes von Sinope, der Philosoph, der für sein Faible für fassförmige Unterkünfte bekannt ist, würde sicher seiner liebsten Wohnform abschwören, sähe er das Upgrade, das „sein“ geliebtes Weinfass in Oberndorf erfahren hat. Hier wurden nämlich die Weinfässer zu schmucken Schlafoasen umfunktioniert. Vergessen sind die Zeiten von Diogenes, in denen man sich mit einer rustikalen Tonne zufriedengeben musste. Die vier Oberndorfer Schlummerfässer aus witterungsbeständigem Lärchenholz bieten jeweils Platz für zwei Personen. Neben einem kuscheligen Doppelbett sorgt eine Sitzmöglichkeit im beheizten Fass bei schlechtem Wetter für den gemütlichen Ausklang am Abend. Jedes Fass trumpft mit TV, WLAN und einer Kaffeemaschine auf, eine Ausstattung, auf die selbst der überzeugteste Asket heute nicht mehr verzichten möchte. Eigentlich eine ironische Wendung: einst Symbol für den Verzicht auf jeglichen Luxus, heute eine wohlige Bleibe mit zeitgenössischen Annehmlichkeiten. Diogenes in einem Weinfass mit High-Speed-Internet, wäre das nicht ein köstlicher Anblick gewesen?

Da schmunzelt sicher der weise Grieche im Hades und hebt seinen Weinbecher auf die kreativen Köpfe in Oberndorf. Denn so wird das Weinfass zum Botschafter guten Geschmacks und lässt jene, die im Bann des Bacchus nächtigen möchten, in eine Welt eintauchen, die sowohl historisch als auch voll im Hier und Jetzt ist. Das alles lässt einen glatt vergessen, dass es sich bei der Behausung eigentlich um ein Gefäß zum Reifen edelster Tropfen handelt und natürlich, trotz Mehrfachbelegung, immer herrlich nach frischem Holz duftet. Einmal drinnen, im gemütlichen, runden Bauch des Fasses, kann die Welt draußen gern mal Pause machen. Hier gilt die Devise: runterkommen, genießen und derweil die nächtlichen Geräusche der Außenwelt als Schlaflied nutzen. Und so wird man in den Oberndorfer Weinfässern vielleicht selbst zum Philosophen und grübelt zwischen den gemütlichen Rundungen der Wände über die großen Fragen des Lebens.

TIPP
Im nahen Bad Windsheim die Thermal-Sole in der Franken Therme genießen.

Dies & Fass – Übernachten im Weinfass
Oberndorf 50
91472 Ipsheim
Tel. (01 60) 5 63 84 46
www.diesundfass.de

50

Das ist ja die Krönung

Der Gewölbekeller von Schloss Sommerhausen

Sommerhausen versteckt sich hinter seiner gut erhaltenen, bis zu 7 Meter hohen Stadtmauer aus dem 15./16. Jahrhundert, die von vier Türmen und acht Toren gesäumt wird. Wie einst können Besucher durch eines der Stadttore in die Altstadt gelangen. Der Ort ist voller malerischer Plätze, die darauf warten, entdeckt zu werden. Mittelalterliche Fachwerkhäuser und beeindruckende Handwerkerhäuser reihen sich aneinander. Wer mehr über Sommerhausens Geschichte erfahren möchte, kann einen etwa 2 Kilometer langen Stadtrundgang machen, der zu den schönsten Sehenswürdigkeiten von Sommerhausen führt. Da wären die historischen Fachwerkhäuser am alten Marktplatz „Plan“, der „Blaue Turm“ mit seinem blauen Schieferdach oder das gotische Rathaus aus dem 16. Jahrhundert mit seinen markanten Treppengiebeln zu nennen. Einige Schritte weiter liegen die Bartholomäuskirche, der Marktbrunnen und am Ende der Straße das Würzburger Tor und das frühere Schloss Sommerhausen.

Das heutige Herrenhaus wurde zwischen 1546 und 1575 erbaut. Über dem Eingangsportal sieht man vermutlich eine Abbildung von Karl Schenk von Limpurg, dem Erbauer des Schlosses, zusammen mit Adelheid, der Tochter des Wild- und Rheingrafen Hans. Das Weingut wurde jedoch bereits 1435 von Schenk Konrad IV. von Limpurg (1396–1482) gegründet. Es war die Kellerei der Erbschenken des Heiligen Römischen Reiches und produzierte über Jahrhunderte hinweg die Krönungsweine deutscher Könige und Kaiser.

Im Jahr 1968 kaufte Johann Kaspar Steinmann das Anwesen mit den dazugehörigen Rebflächen. Heute führt sein Sohn Martin Steinmann bereits in fünfzehnter Generation das Weingut, das hervorragende Sekte nach der traditionellen Champagnermethode herstellt. Wenn man diesen geschichtsträchtigen, stilvoll illuminierten Gewölbekeller bei einer der offenen Führungen betritt, die Flaschen in ihren Rüttelbrettern stehen sieht und dabei ein Glas Sekt verkostet, fühlt man sich, als ob nichts Geringeres als die eigene Krönung kurz bevorsteht.

TIPP
In den zahlreichen Kunstateliers und Galerien findet sich sicher ein originelles Erinnerungsstück.

Weingut Schloss Sommerhausen
Hauptstraße 25
97286 Sommerhausen
Tel. (0 93 33) 2 60
www.sommerhausen.com

51

Adel verpflichtet

Die TraumRunde in Markt Einersheim

Die Ritter von Speckfeld ließen sich wohl um 1200 in Einersheim nieder und errichteten nicht ohne Grund ihr Bergschloss auf der höchsten Erhebung. Denn von hier oben aus konnten sie die alte Hoch- und Handelsstraße, die durch feuchte Wiesen führte, gut bewachen und beschützen. 1685 war das Bergschloss den Erben derer von Speckfeld doch etwas zu „oldschool“ und sie erbauten im Ort ein Schloss in Fachwerkbauweise. Vom Bergschloss ist heute nur noch der Turm übrig. Die steinernen Reste wurden ab 1700 unter anderem zum Giebelbau der Pfarrkirche St. Matthäus sowie der Mauer des westlichen Kirchhofs eingesetzt.

Damit wären die Sehenswürdigkeiten des pittoresken Örtchens zwischen Würzburg und Nürnberg auch schon aufgezählt. Fehlt noch der Wein, der hier aus der Lage „Markt Einersheimer Vogelsang“ stammt. Geschmäcker sind verschieden, doch bei dem Ausblick aus dieser Weinlage schmeckt er ganz sicher gleich noch mal so gut. Genau aus diesem Grund befindet sich hier auch ein terroir-f-Punkt.

Um dorthin zu gelangen, startet man die „TraumRunde Markt Einersheim“ am Marktplatz und kommt an den genannten Baudenkmälern vorbei. Am Ziel angekommen, dreht sich immer alles um ein Thema:„Adel & Wein“. Nicht nur, weil man von hier aus die Ruine fabelhaft sehen kann, sondern weil der Adel maßgeblich zur Entwicklung des fränkischen Weinbaus beigetragen hat. So gilt Kaiser Karl der Große, passend zu seinem Namen, als großer Förderer des Frankenweins und legte unter anderem erste Regeln für den Anbau von europäischem Wein fest. Diese und weitere weinige Adelsgeschichten, auch die derer von Speckfeld, erzählt dieses terroir f stilecht in einem kleinen „Wengertshäusla“. Bei einem mitgebrachten Wein aus der besagten Lage kann man genüsslich auf dem überdachten Vogelsang-Balkon, einer Aussichtsplattform, den Blick über Markt Einersheim, die Hellmitzheimer Bucht und die Weinberge mit ihren alten Gipskeuper-Mauern schweifen lassen und diesen wunderbaren Moment einfach nur genießen.

TIPP
Immer am 4. Wochenende im Juli findet mit der „Weinwies’n“ das örtliche Weinfest statt.

TraumRunde und terroir f
Markt Einersheim
97348 Markt Einersheim

52

Retz oder nie

Das Weingut Rudolf May in Retzstadt

In einem Seitental des Mains fließt der kleine Fluss Retz, namensgebend für das „Dorf der Wege“ Retzstadt. Jede Menge Wanderwege erschließen die malerische und abwechslungsreiche Landschaft, in der über 20 verschiedene Orchideen- und über 100 Schmetterlingsarten heimisch sind. Neben klassischen Spazierwegen stechen auch zwei besondere Themenwege hervor. Da wäre der Besinnungsweg, der auf 14 oder 8 Kilometern sprichwörtlich über Berge und durch Täler führt und zum Reflektieren im hektischen Alltag anregen soll. Der zweite hat den Wein im Fokus. Auf dem Wanderweg „Wein und Natur“ folgt man seiner Spur durch den Weinort Retzstadt, der eine über 1200 Jahre alte Weinbautradition hat. Durch die sonnenverwöhnten Weinlagen, die den Reben optimale Bedingungen bieten, geht es am nachweislich ältesten Müller-Thurgau-Weinberg der Welt vorbei 6 Kilometer durchs natürliche Paradies. Wer den Wein und die Natur gleichermaßen schätzt, findet in Retzstadt sein Paradies, das Seele und Sinne bereichert.

Einer, der ebenfalls mitten in dieser Vielfalt der Natur lebt und arbeitet, ist Rudolf May. Seine Familie kann auf über 300 Jahre Weinbau zurückblicken, lieferte jedoch ihre Trauben immer nur ab. Deshalb erfüllte sich für Rudolf erst 1998 der Traum vom eigenen Betrieb. Gemeinsam mit seinem Sohn Benedikt, der als nächste Generation bereits mitwirkt, haben sie sich dem fränkischsten aller Weine, dem Silvaner, verschrieben. Diese und alle anderen Weine werden aus tiefster Überzeugung nach den Richtlinien des ökologischen Weinbaus angebaut. Im Keller des Weinguts herrschen Geduld und Respekt vor dem, was die Natur zu bieten hat. Kontrolliertes Nichtstun! Das ermöglicht es den Weinen, ihre Geschichte selbst zu erzählen, sobald sie ins Glas kommen. Am besten lauscht man ihnen direkt auf dem idyllischen Weingut, das am Ortsrand von Retzstadt liegt. Schließlich behaupten passionierte Weintrinker, wer keinen Silvaner von May getrunken hat, der war nicht wirklich in Franken.

TIPP
Im „Rentschter Lädchen“ eine Vielzahl an Produkten aus der Region entdecken.

Weingut Rudolf May
Im Eberstal 1
97282 Retzstadt
Tel. (0 93 64) 57 60
www.weingut-may.de

53

Die Weinwürfel-WGs

Das Winzerfest in Iphofen

Seit 2016 findet immer am zweiten Wochenende im Juli das etwas andere Winzerfest auf dem historischen Marktplatz im romantischen Winzerörtchen Iphofen statt, bei dem die Winzer zu „Wohngemeinschaften" zusammenziehen.

Klingt lustig, ist es auch! Mit diesem Konzept, das die neu gegründeten Weinfreunde nach Auflösung der Weinfestgemeinschaft innerhalb von nur sechs Monaten mit entsprechend neuen Strukturen umsetzten, schufen sie ein nicht alltägliches und modernes Weinfest. Hauptziel war es, näher am Winzer dran zu sein und diese hautnah zu erleben. So finden sich während des Winzerfestes bis zu fünf von ihnen in großartigen, selbst gebauten Holzwürfeln zusammen.

Dabei handelt es sich um einfache gezimmerte Holzbuden, die die Form eines Würfels haben. Wie bei einem Fertighaus werden die Wände aufgebaut und optisch ansprechend verkleidet. Nicht nur die Winzer sind im gemütlichen Innenraum vor schlechtem Wetter geschützt, auch die Besucher brauchen sich nicht um vom Vordach in den Nacken tropfendes Regenwasser zu sorgen, wie es bei gewöhnlichen Buden so manches Mal der Fall ist.

Beim letzten Weinfest waren es insgesamt 17 Weingüter, die in vier Weinwürfel-Wohngemeinschaften einzogen. Logisch, dass es hierbei zahlreiche verschiedene Weine zu probieren gibt, man beim „Schöppeln" mit den Winzern ins Gespräch kommt und mit ihnen über den köstlichen Rebensaft philosophieren kann. Selbstverständlich kommt der Hunger, wie bei allen Weinfesten in der Region, nicht zu kurz und kann mit unterschiedlichen fränkischen Köstlichkeiten gestillt werden.

So richtig rund und passend zu Schoppen, Geselligkeit und Genuss wird das Winzerfest Iphofen natürlich auch musikalisch begleitet. Wie immer bei solchen Festen für alle Generationen wird für jeden Geschmack etwas geboten und man erwischt sich sicher dabei, wie man im schönen Ambiente des historischen Marktplatzes und der malerischen Altstadtkulisse leise mitsingt oder heimlich mitschwoft.

TIPP
Busshuttles ermöglichen den ein oder anderen Schoppen mehr.

Iphöfer Winzerfest
Marktplatz
97346 Iphofen
www.weinfreundeiphofen.de

IPHOFEN

54

Rebenromantik

Das zauberhafte Rothenburg ob der Tauber

Das beschauliche Taubertal erstreckt sich von Rothenburg ob der Tauber bis Wertheim am Main. Viele der Städte sind für ihren mittelalterlichen Charme bekannt und reihen sich an der Romantischen Straße wie Perlen auf einer Schnur. Vor allem Rothenburg ob der Tauber zieht internationale Menschenmassen in seinen Bann. Was dabei nie fehlen darf, ist natürlich „traditional local food“ wie eine Haxe samt Bier, einer der Rothenburger Schneeballen zum Dessert und selbstverständlich ein Besuch bei Käthe Wohlfahrt, wo ganzjährig Weihnachten ist.

Eines geht dabei meist völlig im Biergenuss unter: dass der schöne Ort sich mitten in einer Weinbauregion befindet, in der bereits um 1090 Wein angebaut wurde. Rund 1100 Hektar Rebfläche werden im Taubertal bewirtschaftet. Eigentlich nicht großartig überraschend ist, dass auch hier der Klerus bei der Entwicklung des Weinbaus eine tragende Rolle spielte. Die im Zisterzienserkloster Bronnbach erzeugten Weine wurden schon damals bis nach Köln gerühmt. Weit überraschender ist, dass sich das Gebiet vom Oberlauf der Tauber bis Wertheim in drei deutsche Weinanbaugebiete aufteilt. Zum Anbaugebiet Württemberg gehört das Kocher-Jagst-Tauber-Gebiet. Daran schließt sich Baden mit dem nördlichen Taubertal an. Den Abschluss bildet Franken mit der Gegend um Rothenburg, Tauberzell und Röttingen.

Daher sollte man hier auch mal abseits der ausgetretenen Touristenpfade bei einem lokalen Winzer wie der Familie Thürauf mit ihrem Weingut Glocke auf eine Weinreise gehen und sich mit der Weingeschichte der romantischen Stadt an der Tauber auseinandersetzen. Sie bieten nicht nur Weinproben, sondern unter dem Motto „Stein und Wein“ auch eine Führung durch einen liebevoll angelegten Weinberg mit über 160 Rebsorten aus aller Welt an. Auf diesem Spaziergang erfährt man auf kleinstem Raum komprimierte Weingeschichte, die dann auch in flüssiger Form bei einer kleinen Dreier-Probe vertieft werden kann.

TIPP
Unbedingt ein Glas Tauberschwarz, einen Rotwein der Region, trinken.

Glocke – Weingut & Hotel
Plönlein 1
91541 Rothenburg ob der Tauber
Tel. (0 98 61) 95 89 90
www.glocke-rothenburg.de

55

Aussicht und Einsicht

Das terroir f in Rimpar

In Rimpar wurde die Natur zum Vorbild für ein beeindruckendes und außergewöhnliches Bauwerk. Während des Kartoffelschälens entstand beim ausführenden Architekten die bahnbrechende Inspiration, als er bemerkte, dass eine halbierte Kartoffel diese einzigartige Form annimmt. So entstand der Kobel. An diesem magischen Ort empfängt nun ein riesiges, modernes Eichhörnchennest, das auf dem Rimparer Kobersberg thront, die Besucher. Im Inneren vermittelt der Kobel mit seinen höhlenähnlichen Räumen ein Gefühl von Wärme und Behaglichkeit. Dies liegt sicher unter anderem an der Nutzung der natürlichen Baumaterialien sowie einer umlaufenden Holzbank, die zum angenehmen Verweilen einlädt. Gleichzeitig bietet das begehbare Gründach des Kobels eine Aussichtsplattform mit Blick auf Weinberge, Obstgärten, Heckenriegel und Trockenrasen – alles harmonisch miteinander verbunden, und man kann von hier aus den fantastischen Blick, der bei gutem Wetter sogar bis zur Steigerwaldkette reicht, genießen.

Wer genug von der Aussicht hat, kann den Kobelrundweg begehen, um dort sein Wissen über den ökologischen Weinbau zu erweitern. Bereits im Kobel selbst gibt es Informationstafeln hierzu. Doch solch ein Thema erlebt man besser bewusst in der vielfältigen Schönheit der Landschaft. So abwechslungsreich, wie sie sich bereits vom Kobel mit ihren Obstbäumen, Weinbergen, Hecken und Wiesen gezeigt hat, ist sie tatsächlich auch aus der Nähe. Es gibt viel zu entdecken, zu hören und zu spüren – vor allem die Aus- und Weitblicke ermöglichen neue interessante Perspektiven auf Natur und Umwelt. Auf dem rund 1 Kilometer langen Rundwanderweg stehen sechs leicht verständliche, informative Tafeln über unterschiedliche Aspekte des ökologischen Weinbaus. Kurzweilig wird diese Wissensvermittlung durch kleine Aufgaben ergänzt. Durch diese achtsame Erfahrung während des Weges können bei der Rückkehr zum Kobel völlig neue Perspektiven erschlossen werden!

TIPP
Den Kobelweg um den Europäischen Kulturweg „Gramschatzer Wald – Route 1" ergänzen.

terroir f Rimpar
Schloßberg 1
97222 Rimpar

56

Exotischer Franke

Einen Rieslaner in Marktbreit trinken

Am südlichsten Punkt des Maindreiecks liegt Marktbreit und wartet darauf, entdeckt zu werden. So kann man beispielsweise auf dem Marktbreiter Turmweg entlang der meist noch sehr gut erhaltenen Stadtmauer die geschichtsträchtige, lebendige und liebenswerte Altstadt umrunden. Ein Glas fränkischen Weins rundet solch einen Besuch perfekt ab. Ein besonderes Tröpfchen, das das Licht der Welt in Marktbreit erblickt hat, ist ein etwas exotischer Franke: Der gebürtige Marktbreiter Ökonomierat Dr. August Otto Friedrich Ziegler, der in München Landwirtschaft und Chemie studierte und somit im Weinbau eher ein Quereinsteiger war, kreierte 1921 an der heutigen Bayerischen Landesanstalt für Wein-, Obst- und Gartenbau in Würzburg aus Silvaner und Riesling etwas völlig Neues: den Rieslaner. Erfahrung bei solch einem Unterfangen sammelte er bereits bei der Kreuzung des Müller-Thurgaus, bei der er mitwirken durfte.

Dass es den Rieslaner, der mit exotischen Geschmacksrichtungen von Maracuja, Ananas und Mango den Mund füllt, noch heute gibt, ist tatsächlich ein Glücksfall. 1937, mit dem Tod von Dr. Ziegler, hatten die fränkischen Winzer und ganz Deutschland andere Sorgen, als eine neue Rebsorte weiterleben zu lassen. Gut, dass etwa 400 Rieslanerreben aufgrund der Freundschaft zwischen Ziegler und dem Weingutsbesitzer Bruno Schmitt den Zweiten Weltkrieg überlebten. Auf Betreiben des damaligen Kellermeisters des Würzburger Hofkellers, Helmut Brönner, und Zieglers Nachfolger, Professor Dr. Hans Breider, wurde der Rieslaner von Bruno Schmitt erstmals getrennt ausgebaut und landete somit sortenrein im Fass. Das große Happy End folgte schließlich 1954, als der Rieslaner Bundessieger bei der Deutschen Weinprämierung in Mainz wurde.

Was für eine Story: quasi vom Totenbett aufs Siegerpodest! Daher wäre es eine Bildungslücke, nicht wenigstens ein Gläschen dieses fränkischen Exoten zu verkosten.

TIPP
Die 11 Kilometer lange „TraumRunde Marktbreit“ nach Obernbreit wandern und die Landschaft genießen.

97340 Marktbreit

57

Brotzeit, Baby

Wein-Träume in Thüngersheim

Im verschlafenen Thüngersheim, einer Perle Frankens, wo das Rebengrün auf geschichtsträchtige, verwinkelte Gässchen trifft, verbirgt sich ein ganz besonderes kulinarisches Geheimnis zwischen den Hängen. Nicht nur die köstlichen Thüngersheimer Weine laden zu einem Tänzchen an Gaumen und Zunge ein, auch eine rustikale Schatztruhe lockt mit ihren verführerischen Genüssen: die Brotzeitkiste von „Wein-Träume". Erfunden wurde das Weinberg-Picknick von Monika Bauer. Sie betreibt sowohl ein Gästehaus als auch eine Heckenwirtschaft und kam während Corona auf die Idee des „Weinberg-Lieferdienstes".

Das Ganze ist so unkompliziert wie das Öffnen einer Weinflasche. Mindestens einen Tag vor der geplanten Wanderung den Termin mit Monika Bauer absprechen. Auf gut Glück kann man es auch mal spontan versuchen, doch garantiert ist der Lieferservice „just in time" nicht. Den Inhalt der Brotzeitkiste dann nur noch aus dem vielfältigen regionalen Angebot von ausgewählten Lieferanten und dem eigenen Weingut Bauer individuell zusammenstellen und per WhatsApp oder E-Mail an Monika Bauer senden. Sie liefert das Weinberg-Picknick, sobald man eines der über 40 Bänkli in den Thüngersheimer Weinbergen zwischen Kolping Kapelle Retzbach und terroir f Vinomaxx belegt, kurz angerufen oder den Standort per WhatsApp durchgegeben hat.

Selbstverständlich wird auch alles wieder abgeholt. Damit möglichst wenig Müll entsteht, setzt die Brotzeitkiste auf wiederverwendbare Verpackungen, Gläser und Besteck. Somit wird die pittoreske Pause nach einer zünftigen Wanderung oder als heimlicher Höhepunkt eines romantischen Ausflugs mit jedem Häppchen zwischen den Hängen zur Gourmet-Einkehr.

So muss das pure Glück schmecken, wenn man ohne Verpflegung im Gepäck mit einer Brotzeitkiste versorgt wird. Prall gefüllt mit regionalen Schmankerln von herzhaft bis deftig, von Käse über Schinken bis zu frisch gebackenem Brot, verwandelt sie jeden Fleck in den Weinbergen bei Thüngersdorf in einen Festtagstisch unter freiem Himmel.

TIPP
Ende Juli/Anfang August findet mit dem Thüngersheimer Weinleuchten das örtliche Weinfest statt.

Wein-Träume
Schulstraße 25
97291 Thüngersheim
Tel. (0 93 64) 41 77
www.wein-traeume.de

58

Aus zwei mach eins

Das Weingut Glaser-Himmelstoss

Eigentlich könnte man die Geschichte zu diesem Ort mit der deutschen Volksballade „Es waren zwei Königskinder, die hatten einander so lieb…“ beginnen. Doch gut, dass die zwei Winzerkinder Monika und Wolfgang, die einander so lieb hatten, anders als die Königskinder zueinander fanden. So führten die beiden sowohl auf beruflicher als auch auf privater Ebene ihre Familien zusammen und legten damit das Fundament für sie als Familie, aber auch für das heutige Weingut. Aus zwei getrennten Anfängen ist eine gemeinsame Zukunft geworden, aus zwei Familien ist eine geworden, aus zwei Häusern ist ein Zuhause geworden. So entstand das Familienweingut Glaser-Himmelstoss. Nach wie vor werden die beiden Standorte in Nordheim und Dettelbach bespielt.

Die Verantwortung tragen sie heute, drei Jahrzehnte später, zu dritt. Neben den beiden „Königskindern“ ist mit Tochter Julia Glaser nach ihrem Oenologie-Studium die nächste Generation ins elterliche Weingut eingestiegen. Als Familie gehen sie gemeinsam den Weg der Vorgängergenerationen weiter und führen Glaser-Himmelstoss durch gemeinsame Kraft in die Zukunft. In beiden Orten ist die Familie bis heute tief verwurzelt. Doch die getrennten Strukturen in den Betrieben gehören längst der Vergangenheit an. So war die Zusammenlegung der Weingüter eine logische Konsequenz zur Nutzung der Vorteile beider Standorte. Zum alleinigen Produktionsstandort wurde das größere Weingut in Nordheim, auf der vom Altmain umschlossenen Weininsel, ausgebaut. Dagegen entstand nach umfangreichen Umbaumaßnahmen aus dem historischen Fachwerkhaus inmitten der verwinkelten Altstadt von Dettelbach das Gästehaus Himmelstoss, in dem man himmlisch übernachten kann. Seit 2023 wurde es um eine moderne Weinbar unter der Leitung von Julia erweitert. Dort können dann von Freitag bis Sonntag Schoppen vom Familienweingut in der Weinlaube genossen und kleine Mahlzeiten geschlemmt werden.

TIPP
In der Vinothek im KUK in Dettelbach eine reiche Auswahl der Weine heimischer Winzer probieren.

Weingut Glaser-Himmelstoss
97334 Nordheim
Weinbar & Gästehaus Himmelstoss
97337 Dettelbach
www.weingut-glaser-himmelstoss.de

RESTAURANT
WEINGUT
HÖMMELSTOSS
WEINGUT
HÖMMELSTOSS

59

Weinradeln in Franken

Der Weinradweg am Main

Wenn der Main sich durch Franken schlängelt, tut er dies mit einer lässigen Eleganz und dem Wissen, dass ohne ihn an seinen Hängen ganz sicher keine Weinberge existieren würden. Umso schöner, dass man auch „per pedales“ auf der gut ausgebauten Fahrradautobahn, dem Mainradweg, auf knapp 600 Kilometern von Bayreuth bis Wiesbaden unterwegs sein kann. Gerade in den wärmeren Monaten herrscht hier natürlich reger Verkehr und auf den malerischen Etappen in Weinfranken wie zum Beispiel von Kitzingen bis Würzburg ist mächtig etwas los.

Gut, dass es auch noch Alternativrouten etwas abseits der Hauptstrecke wie den Weinradweg von Hallstadt bis nach Zeil am Main gibt. Dieser Radweg erstreckt sich im nördlichen Teil des Abt-Degen-Weintals und wartet darauf, mit dem Drahtesel entdeckt zu werden. Auf knapp 25 Kilometern fährt man überwiegend abseits der Autostraßen durch die Reben und nicht immer direkt am Main entlang. Im Blick hat man ihn und die Weinberge jedoch, die sich, so weit das Auge reicht, oberhalb von ihm erstrecken. Gestartet wird diese circa eineinhalbstündige Tour an der alten Mainbrücke zwischen Hallstadt und Dörfleins. Zuerst geht es mit Dörfleins noch einmal kurz durch die Ausläufer Bierfrankens, bevor sich ab Unterhaid nach und nach immer mehr Rebanlagen in der Landschaft zeigen. Wie an einer Perlenschnur folgen die weiteren kleinen Weinörtchen Stettfeld, Ebelsbach, Steinbach und Ziegelanger, bis das Ziel des Ausflugs, das romantische Mittelalterstädtchen Zeil am Main, erreicht wird.

Auf der Strecke gibt es genügend lokale Winzer, die mit ihren Heckenwirtschaften und Weinlokalen samt bestem Frankenwein und deftigen Stärkungen auf die Radler, die Weinfranken auf diese Art entdecken möchten, warten. Doch Vorsicht: Unterwegs ist Zurückhaltung geboten, dafür kann man am Zielort in die „Vollen“ gehen und auch einen Wein mehr „schöppeln“. Schließlich bringt die Bahn ab Zeil Ausflügler sicher und bequem zum Ausgangspunkt zurück.

TIPP
Weinfest am ersten Augustwochenende in Zeil am Main.

Weinradweg am Main von Hallstadt bis Zeil am Main

60

Vinophiles Dreiländereck

Das Weinfest in Ochsenfurt

Einmal im Jahr verwandelt sich das malerische Ochsenfurt am Main in eine internationale Weinmetropole, wenn das Deutsch-Französisch-Italienische Weinfest am letzten Juli-Wochenende seine bunten Zelte aufbaut. Entlang der historischen Wehrgänge, die den perfekten Rahmen für das Fest bieten, feiert man hier die Weine aus drei Ländern, die für ihre Weintradition bekannt sind. So kommen Kenner und Genießer gleichermaßen auf ihre Kosten. Von fruchtigen fränkischen Weißweinen bis hin zu tiefgründigen italienischen und französischen Rotweinen findet jeder Gaumen seine Favoriten. Die Bocksbeutel- und Secco-Bar lässt keine Wünsche offen und lockt mit kreativen Cocktails, die mit regionalem Secco oder Gin verfeinert werden.

Traditionell, wie alle Weinfeste in der Region, wird das Fest mit einem feierlichen Akt durch den Bürgermeister und weitere städtische Honoratioren im romantischen Stadtgraben eröffnet. Nicht etwa eine Weinprinzessin, sondern die Ochsenfurter Zuckerfee gibt sich hierbei ebenfalls die Ehre. Sie repräsentiert nicht nur das festliche Treiben, sondern auch die Tradition der Zuckerherstellung in der Stadt, die einst als „Zuckerstadt" bekannt wurde.

Hier ist eben vieles anders, denn Ochsenfurt gilt auch mit zwei über 200 Jahre alten Privatbrauereien als Bierstadt im Herzen des Fränkischen Weinlandes. Eigentlich selbstverständlich, dass neben Wein in trauter Zweisamkeit auch Bier auf dem Ochsenfurter Weinfest ausgeschenkt wird. Beim Flanieren entlang der Stände entdeckt man mit heimischen Bratwürsten und Kartoffelsalat, mediterranen Garnelenspießen auf Nudelbett und einem erlesenen französischen Käseangebot auch kulinarische Köstlichkeiten der drei Länder. Süße Versuchungen bieten hausgemachte Torten und Kuchen. Ein Besuch in Ochsenfurt am letzten Juli-Wochenende ist damit nicht nur ein Ausflug in die Welt der Weine, sondern ein echtes Fest für die Sinne im vinophilen Dreiländereck.

TIPP
Eine Fahrt mit der Altstadtfähre „Nixe" sollte man sich nicht entgehen lassen (www.die-nixe.de).

Deutsch-Französisch-Italienisches Weinfest
Stadtgraben
97199 Ochsenfurt

FRANKEN BRUNNEN
FRANKEN BRUNNEN
FRANKEN BRUNNEN
FRANKEN BRUNNEN
FRANKEN BRUNNEN
FRANKEN BRUNNEN
FRANKEN BRUNNEN

Alter Wein in alten Flaschen

Das Bürgerspital Würzburg

In unserer schnelllebigen Zeit ist es doch eher selten geworden, dass eine Idee, die vor Jahrhunderten einmal geboren wurde, noch fast genauso weiterlebt. Dass es so etwas noch gibt, beweist die Würzburger Stiftung Bürgerspital zum Heiligen Geist. Alles begann im Jahre 1316 damit, dass das Würzburger Patrizierehepaar Johannes und Mergardis von Steren ihr privates Anwesen in eine Einrichtung für pflegebedürftige Menschen umwandelten. Heute wie damals ist die Stiftung Trägerin von Senioreneinrichtungen und geriatrischen Therapiepraxen und betreibt das renommierte Weingut Bürgerspital. Es ist schon sehr beeindruckend, wie unter den geschichtlichen und gesellschaftlichen Einflüssen der Jahrhunderte die Idee des Ehepaares allen Widrigkeiten trotzte und der ursprüngliche Stiftungsgedanke weiterhin Bestand hat. Unumgänglich, dass sich seit ihrer Gründung vor mehr als über 700 Jahren einiges verändert hat. Was jedoch bis heute gleich blieb, ist die beeindruckende Qualität des Weines. Sicher liegt es nicht nur daran, dass ein Drittel der Gesamtrebfläche des Weinguts in der weltberühmten Lage „Würzburger Stein“ liegt, sondern an den dazugehörigen Kellermeistern. Diese und weitere geschichtlichen Fakten kann man bei einer spannenden und imposanten Kellerführung im Weingut erfahren.

Dazu taucht man erst einmal unter die Erde ab und ist in Sekunden in einer ganz anderen, mystischen Welt, in der das absolute Highlight einer jeden Führung schließlich hinter Glas wartet: der älteste Weißwein der Welt. Ein 1540er Steinwein aus der exponierten Lage „Würzburger Stein“, der somit aus dem Zeitalter von Shakespeare und Martin Luther stammt. Gut sichtbar noch nicht im Bocksbeutel abgefüllt, denn diese Flaschenform kam erstmals 1726 zum Einsatz. Somit gilt das Bürgerspital als dessen Wiege. Selbst wenn dieses besondere Tröpfchen hinter Glas bleibt – die neuen Jahrgänge warten bereits darauf, im besonderen Ambiente des Stückfasskellers verkostet zu werden.

TIPP
Jährlich im Juni findet die „White Party“ im Innenhof des Bürgerspitals statt.

Weingut Stiftung Bürgerspital zum Heiligen Geist
Theaterstraße 19
97070 Würzburg
Tel. (09 31) 3 50 34 41
www.buergerspital.de/weingut

BÜRGERSPITAL
WÜRZBURG
2022
Würzburger
Weisser Burgunder
BÜRGERSPITAL
WÜRZBURG
2022
Würzburger Stein
BÜRGERSPITAL
WÜRZBURG
Würzburger Stein-Harfe
GG

Die kuriose Geschichte des Bocksbeutels

Für die einen ist es die hässlichste Weinflasche der Welt, für die anderen die **Ikone unter den Weinbehältern.** Woran diese Sichtweise liegt? Vielleicht an der Frankenbrille oder an der Silvanerliebe? Die Rede ist vom Bocksbeutel, dem bauchigen fränkischen Gesellen, der nie richtig ins Weinregal oder in den Kühlschrank passt. Um die Herkunft seines Namens ranken sich unterschiedliche Legenden.

Die erste geht auf die **Zeit der Merowinger,** des ältesten Königsgeschlechts der Franken, zurück. Damals waren Feldflaschen aus Buchenholz gebräuchlich, wie unter anderem ein Fund aus dem Knabengrab unter dem Kölner Dom belegt. Der Bocksbeutel wäre dann dem Wortursprung nach ein „Buchsbeutel“. Es ist aber auch denkbar, dass der Begriff Bocksbeutel von „Bugsbeutel“ abgeleitet wurde. Dies würde auf die Eigenschaft als Tragetasche hinweisen, die an einem Riemen am „Bug“ des Körpers, also vorne, befestigt war. Einen solchen Beutel trugen zum Beispiel Mönche mit sich, wenn sie in die Weinberge gingen. Am wahrscheinlichsten ist jedoch die Ableitung des Namens von der optischen Ähnlichkeit zum Ziegenbockhoden. Dies hat sicherlich auch etwas damit zu tun, dass der **Bock** bereits in der Antike den Weingott Dionysos, der auch öfter selbst im Rausch als solcher auftauchte, begleitete. Selbst im Wortschatz der Winzer und Kellermeister ist der Bock anzutreffen. So bezeichnen sie eine unangenehme Fehlnote im Wein als Böckser, also als Ziegenbockgeruch, und die jungen Triebe der Weinrebe als Bockstriebe.

Die besondere Flaschenform wurde zum Synonym für Spitzenweine aus Franken

Sei es, wie es sei, egal welche Variante einem am besten gefällt. Gefäße in dieser Form wurden in den verschiedensten Kulturen der Welt bereits seit mehreren Jahrtausenden verwendet. Sie bestanden aus Ton, Leder oder Glas, dienten als Trinkflaschen im Feld oder beim Pilgern und waren somit eigentlich zum „Bocksenstopp“ gedacht. Die **fränkische Spezialflasche** zeigt, dass „to go“ durchaus Stil haben kann.

Mit der Zeit entwickelte sich aus der Kugelflasche der Bocksbeutel. Um sie besser handhaben zu können, wurde sie abgeflacht und erhielt oft zwei Henkel. Durch diese Form konnte ein Bocksbeutel so schnell nicht umkippen. Den ersten gläsernen Bocksbeutel gab es nicht vor dem 16. Jahrhundert, da man in Deutschland erst in dieser Epoche begann, Flaschen in einem Stück zu blasen.

Doch wie kam jetzt der Wein in den Bocksbeutel? Dass Wein überhaupt in Glasflaschen und Bocksbeutel abgefüllt wird, ist eine **Würzburger Erfindung** und geht auf einen Beschluss des Rates der Stadt Würzburg aus dem Jahr 1728 zurück. Danach sollte der Wein des Bürgerspitals vom Würzburger Stein, der sogenannte Steinwein, in Bocksbeutel abgefüllt und versiegelt werden. Hintergrund war die Tatsache, dass betrügerische Wirte minderwertige Weine unterschiedlichster Herkunft als Frankenwein auf den Markt brachten und damit dem Ruf des Frankenweins schadeten. Die **besondere Flaschenform mit dem Schultersiegel** hatte schließlich auch den gewünschten Erfolg: Sie wurde zum Synonym für Spitzenweine aus Franken.

62

Wein vereint

Das terroir f im Apostelgarten in Alzenau

Zwischen sanft geschwungenen Hügeln und malerischen Weinbergen erhebt sich ein Ort, der die Verbundenheit der Region mit ihren edlen Tropfen manifestiert: der terroir-f-Punkt in Alzenau. Als das westlichste Eingangstor zum Fränkischen Weinland öffnet diese Stadt ihre Pforten und lädt Gäste ein, an einem der magischen Orte des Frankenweins innezuhalten. Die Region Alzenau ist für ihre Urgesteinsböden, eine einzigartige geologische Formation im Fränkischen Weinland, bekannt, die exzellente Weine mit unverwechselbarer Note hervorbringen. Auf dem Weg zum terroir f wird diese Besonderheit durch eine Bodenstation informativ dokumentiert. Unter anderem wachsen in der Weinlage „Michelbacher Apostelgarten“ nicht nur die westlichsten Trauben Frankens, sondern er ist auch einer der ganz wenigen natur- und denkmalgeschützten Weinberge Deutschlands. Nicht verwunderlich, dass auch hier einer der terroir-f-Punkte, ein moderner Aussichts- und Informationspunkt, zu finden ist. Form und Struktur nehmen Bezug auf ein besonderes Wahrzeichen des Michelbacher Weinbergs: das Weinberghäuschen. Das „Steinerne Häuschen“, einst von einem Tuchhändler aus Frankfurt als Unterkunft für den Weinbergshüter erbaut, zeugt von der reichen Weinbautradition des Ortes. Von hier kann man eine faszinierende Aussicht genießen und Blicke bis in die ferne Mainebene, nach Frankfurt und zu den umgebenden Mittelgebirgen Taunus und Odenwald schweifen lassen, die zum Träumen und Verweilen einladen.

Im Inneren des modernen Pendants zu dem historischen Weinberghäuschen dreht sich alles um das Oberthema „Arbeiten im Weinberg – Tradition und Moderne – Wein vereint“ und erzählt von der technologischen Entwicklung des Weinbaus, die von Handarbeit bis zum Einsatz modernster Technik reicht, samt einer Reise durch das Arbeitsjahr eines Winzers. Auch diese werden nach getaner Arbeit mitten in dieser Weinlandschaft hin und wieder stille Augenblicke erleben und den Moment ganz ohne Zeitdruck genießen.

TIPP
Sommerliche Burgfestspiele auf Burg Alzenau mit Konzerten und Theateraufführungen.

terroir f Alzenau
Michelberger Apostelgarten
63755 Alzenau

63

Frankens größtes Weinfest

Das Volkacher Weinfest

Weinfeste gibt es in Franken eine ganze Menge. Jedes Weindörfchen feiert ab Juni bis September mindestens einmal ein Fest im Zeichen der Reben. 120 Frankenweine, 7000 Sitzplätze und circa 50.000 Besucher. Mit solchen Zahlen der Superlative wartet Frankens größtes Weinfest unter freiem Himmel auf. Idyllisch im Landkreis Kitzingen gelegen, empfängt Volkach seit über 70 Jahren Gäste aus ganz Deutschland an der bekannten Mainschleife.

Immer Anfang August verwandelt sich die Stadtallee in eine Festmeile und es wird unter schattigen Kastanien und Platanen nahe der Altstadt gefeiert, geschunkelt und geschlemmt. Naturgemäß können die Besucher des Weinfestes weintechnisch aus dem Vollen schöpfen und vor allem Weine aus der Region verkosten. Allein knapp 60 Schoppenweine werden von den sieben selbstvermarktenden Winzern und vier Winzergenossenschaften ausgeschenkt. Damit der Wein noch besser schmeckt, erwartet die Weinfestgäste eine zünftige fränkische Küche: knackige Bratwürstchen mit oder ohne Kraut, Flammkuchen aus dem Holzofen oder vielleicht doch lieber ein knuspriges Schäufele? Wer die Wahl hat, hat die Qual. Auf alle Fälle bleiben keine Wünsche offen und jeder findet etwas ganz nach seinem Geschmack.

Doch neben dem einzigartigen kulinarischen Angebot bietet das Volkacher Weinfest noch weitere Höhepunkte, vom Einzug der Weinmajestäten am Eröffnungstag über das Ratsherrenfeuerwerk bis zum Wunderkerzenzauber der Weinprinzessinnen. Dazu spielen natürlich auch noch jede Menge Bands und sorgen so für die richtige Weinfeststimmung. Es darf auch getanzt werden! Außerdem verleihen Fahrgeschäfte und Unterhaltungsprogramme für die ganze Familie Frankens größtem Weinfest Volksfestcharakter und garantieren Spaß für Groß und Klein. Eine tolle Abwechslung also für alle, die ein Weinfest auch gern mal etwas größer und aufregender mögen als das beschauliche Treiben in einem kleinen Örtchen.

TIPP
Am besten das Auto stehen lassen und mit dem Weinfest-Express oder der Mainschleifen-Bahn anreisen.

Volkacher Weinfest
Gaibacher Straße
97332 Volkach

64

Im Garten Eden

Der Weinparadiesweg bei Weigenheim

Eine Wanderung auf dem Weinparadiesweg, der sich über eine Länge von 19 Kilometern erstreckt und am Kapellberg bei Weigenheim beginnt, ist ein wahres Paradies für Weinliebhaber. Das Dorf mit 963 Einwohnern kann auf eine 750-jährige Weinbautradition zurückblicken, die von Mönchen des Klosters Heilbronn begründet wurde. Mit mehr als 30 Winzern ist das Dorf heute die zweitgrößte Gemeinde im Landkreis Neustadt an der Aisch-Bad Windsheim. Namensgeber des Wanderweges ist die Bullenheimer Berglage, die auch als „Bullenheimer Paradies“ bekannt ist.

Von Weigenheim aus führt der Weg größtenteils abseits vom Straßenverkehr über naturnahe Pfade und Wege durch eine sanfte Berglandschaft in Richtung Norden. Ein besonderes Highlight auf dieser Tour und ganz schön beeindruckend ist nicht nur der atemberaubende Ausblick über das Frankenland, sondern auch das Schloss Frankenberg im südlichen Steigerwald, das auf ungefähr der Hälfte der Strecke wartet. Die Burg liegt idyllisch in der Landschaft und wird von Weinreben umgeben. Die gut ausgeschilderte Route hat einige steile Abschnitte, insgesamt müssen jedoch nur 88 Höhenmeter bewältigt werden. Mit geeignetem Schuhwerk gilt die Strecke als gut machbar und kann auch in Teilstücken gewandert werden. Unterwegs laden bewirtschaftete Weinberghütten zur Rast ein, während in Bullenheim die Gemeinden entlang des Weinparadiesweges ein gemeinsames Lokal, die Weinparadiesscheune, betreiben. Hier können nicht nur fränkische Spezialitäten und herzhafte Brotzeiten genossen werden, sondern auch der Schlüssel für den Aussichtsturm auf dem Bullenheimer Berg ausgeliehen werden.

Nach einer Rast geht es weiter über den Aussichtspunkt „Seinsheimer Hohenbühl“ und den „Hüttenheimer Tannenberg“. Nachdem die Acht-Dörfer-Eiche passiert wurde, erreichen die Wanderer schließlich mit dem Wanderparkplatz in Nenzenheim das Ende der Tour.

Übrigens: Gerade im Herbst erstrahlt diese Tour mit ihrer natürlichen Farbenpracht zu einer paradiesischen Genusswanderung!

TIPP
Eine Rast in den Amtsstuben von Schloss Frankenberg lohnt sich immer.

Weinparadiesweg
97215 Weigenheim

65

Altstadtoase

Die Villa Sommerach auf der Weininsel

Damit sich auch jeder zurechtfindet, starten wir zuerst mit etwas Erdkunde. Denn die Mainschleife ist nicht jedem bekannt, obwohl sie es eigentlich sein müsste: Bei Sommerach macht sie zwischen Weininsel und Festland so richtig die Biege und verschwindet schließlich wieder in ihrem Bett. Gut so, denn so bringen die Hanglagen erstklassige Weine hervor. Hier schmiegt sich der hübsche Ort Sommerach mit seiner Altstadt aus bunt gemischter Fachwerkarchitektur und nur wenigen Bausünden an Altmain und Mainkanal.

Ein echtes Schmuckstück sticht besonders hervor: Die Villa Sommerach, deren Grundmauern aus dem 15. Jahrhundert stammen. Dies ist zum einen dem Umstand zu verdanken, dass sich die Vorbesitzer sehr um die liebevolle Renovierung und den Erhalt dieses Herrenhauses gekümmert haben. Und natürlich auch den jetzigen Eigentümern, der ortsansässigen Winzerfamilie Müller, die das Ensemble sowohl zu einem Veranstaltungsort als auch zu einem Boutiquehotel mit fünf heimeligen Zimmern und einer Dachsuite umgewandelt haben. In der Remise kann man mit 80 Gästen sowohl innen als auch außen unvergessliche Augenblicke erleben. Morgens trifft man sich in der weißen Villa zum Frühstück, während man abends in der hoteleigenen Weinbar nicht nur Weine des hauseigenen Weingutes Max Müller I aus Volkach verkosten kann.

Drei Häuser, ein Innenhof und ein großer Garten. Was so banal klingt, macht dann doch das Besondere aus. Denn obwohl die Villa Sommerach mitten im Ort liegt, fühlt man sich dank des Gartens wie in einer abgeschotteten Oase. Wem es im Sommer zu warm wird, den ruft der Altmain mit einer Badestelle, die nicht einmal 1 Kilometer entfernt liegt. Beides ideal zum Ausruhen nach einer Rad- oder Wandertour, natürlich am besten mit einem Glas Silvaner.

Villa Sommerach – das heißt Wein erleben, Kultur genießen und gemeinsam Feste feiern. Die Villa Sommerach ist ein Hotel garni, eine Vinothek, ein Ort für genussvolle Momente – sowohl im Innen- als auch im Außenbereich.

TIPP
Die Infovinothek in Sommerach besuchen und die Weine der Sommeracher Winzer kennenlernen.

Villa Sommerach
Nordheimer Straße 13
97334 Sommerach
Tel. (0 93 81) 80 24 85
www.villa-sommerach.de

66

Ehrlich gute Weine

Die Weinmanufaktur 3 Zeilen in Rödelsee

Mit drei gepachteten Zeilen Reben fing das „Abenteuer Wein“ für Christian und Alexandra Ehrlich in Rödelsee an. Ohne viel Schnickschnack, Weinbergschlepper und Co. legten die beiden Quereinsteiger los. Ihr Ziel: ihrem Namen gerecht zu werden und grundehrliche Weine zu produzieren, die auf alle Fälle bio sein sollten. 2008 ging es schließlich in der Waschküche der Oma los. So wie Oma früher von Hand die Wäsche waschen musste, wurden hier die ersten Weine und der prickelnde Natursekt „Pet Nat“ handwerklich traditionell im kleinen Stil hergestellt.

Die grundehrliche Art und ihre Weine kamen an. Eigentlich nicht verwunderlich, schließlich reicht die Weinhistorie in der Familie von Christian doch weiter zurück, als er sich bewusst war. Die Ahnenforschung innerhalb der Familie förderte einen Thomas Schlee zutage, der sich bereits um 1659 im Auftrag der Fürsten von Castell um die Silvanerreben kümmern durfte. Somit fließt quasi Silvaner im Blut von Christian. Diese Rebsorte macht auch, wie so häufig in Franken, bei den Ehrlichs den Großteil des Weines aus, der auf den mittlerweile auf 4 Hektar angewachsenen Lagen auf dem Schwanberg angebaut wird.

Diese Größe lässt sich auch weiterhin nebenberuflich händeln. Dabei ist Christian für Weinberg und Keller verantwortlich. Hier entstehen Weine mit ausgeprägtem Charakter, in denen jeder Tropfen Natürlichkeit und den Willen ausdrückt, neue Wege zu gehen. Seine Frau Alexandra kümmert sich um die Verwaltung, den Verkauf und das Marketing. Die aus dem Saarland Zugezogene führt Gäste gerne bei einer Weinprobe durch bis zu sechs verschiedene Weine. Diese startet und endet dort, wo der Traum von Christian und Alexandra begann und zur Berufung wurde: in Omas Waschküche. Von der ist übrigens in der „Micro-Vinothek“ nicht mehr viel zu erkennen. Und falls es doch mal fruchtig frisch riechen sollte, dann kommt das ganz sicher nicht von frischgewaschener Wäsche, sondern vom ehrlichen Silvaner im Glas.

TIPP
Bei einer Wanderung auf den Schwanberg die Wegzehrung samt Rucksack bei den Ehrlichs bestellen.

Weinmanufaktur 3 Zeilen
Heinrich-Wiegand-Straße 2
97348 Rödelsee
Tel. (0 93 23) 87 64 54
www.3-zeilen.de

FENDT

67

120 auf einen Streich

Das Weinforum Franken in Eibelstadt

Im Herzen des beschaulichen Ortes Eibelstadt, einer Perle Mainfrankens, wartet das Weinforum Franken darauf, Genießer und Weinliebhaber zu verwöhnen. Das Hotel mit seinem einladenden Restaurant und der bestens sortierten Vinothek ist ein Mekka für alle, die den fränkischen Rebensaft schätzen und erleben möchten. Das Weinforum Franken vereint unter seinem Dach nicht nur eine komfortable Unterkunft, sondern ist auch eine Bühne für die regionale Weinbaukunst. Hier setzen die Betreiber auf Vielfalt und Heimatverbundenheit, was sich in ihrer beeindruckenden Sammlung von über 120 unterschiedlichen Weinen aus Mainfranken manifestiert. Ein kaleidoskopartiges Sortiment, das die Mannigfaltigkeiten des Weinlands einfängt.

Hier heißt es, in die Welt des Weines einzutauchen und sich von ausgewählten Tropfen wie Silvaner, Bacchus oder Riesling verführen zu lassen. Jeder Wein erzählt seine ganz eigene Geschichte, die vom Klima, dem Boden und dem Fingerspitzengefühl des Winzers oder der Winzerin geprägt ist. Die Vinothek bringt diese Geschichten näher und lässt Besucher in die Tiefen des Weines eindringen. Wenn dann noch die Küche des Restaurants ins Spiel kommt, entsteht ein harmonisches Zusammenspiel, das die Weine in Kombination mit der von regionalem Flair geprägten Gerichte zu einem ganzheitlichen Geschmackserlebnis werden lässt.

Bei diesem sinnlichen Abenteuer werden Gaumen und Seele gleichermaßen erwärmt. Das Ambiente in seiner eleganten Einfachheit trägt ebenfalls dazu bei und schafft so den idealen Rahmen für unvergessliche Genussmomente.

Eines ist bei einem Besuch im Weinforum Franken sicher: Man entdeckt nicht nur neue Weinlieblinge, sondern genießt diese umgeben von einer Atmosphäre, die Tradition und Moderne auf angenehme Weise vereint. Es ist ein Ort, an dem jeder Besuch zur Entdeckungsreise und die Passion für fränkischen Wein lebendig wird.

TIPP
Regelmäßige spannende kulinarische Events mit Caro Baum, der jüngsten Sterneköchin Deutschlands.

Weinforum Franken
Hauptstraße 37
97246 Eibelstadt
Tel. (0 93 03) 9 84 50 90
www.weinforum-franken.de

68

Weinseliges Dreierlei

Die Weinfeste in Sommerhausen

In Sommerhausen werden gerne Weinfeste gefeiert. Dies ist ja auch kein Wunder, denn der Ort liegt malerisch inmitten von Weinbergen direkt am Main. Daher werden hier nicht nur ein, sondern jedes Jahr gleich drei Weinfeste gefeiert. Beim idyllischen „Kleinen Weinfest" in Sommerhausen kann man es sich gemütlich machen und eine stimmungsvolle Zeit verbringen. An Pfingsten ist man hier bestens aufgehoben, kann entspannt bei ein bis zwei Schoppen Wein aus dem Ort sitzen und der stimmungsvollen Musik zuhören. Vor allem die edlen Tropfen im typischen Bocksbeutel und erstklassige Sekte vom Weingut Schloss Sommerhausen laden zum Genießen ein.

Beim Weinfest des historischen Burschenvereins Sommerhausen wird ausgelassen gefeiert. Neben der Krönung der Weinprinzessin stehen auch Partys mit musikalischer Begleitung durch die Winterhäuser oder die Sommerhäuser Musikkapelle auf dem Programm. Bei deftigem Essen wie Mettstangen oder einem saftigen Steak mit Pommes lässt sich hier der Wein so richtig genießen. Knapp vier Wochen später findet als letztes Weinfest das der TSG Sommerhausen statt. Hier sorgen tolle Bands und verschiedene Musiker aus der Region nicht nur für unbeschwerten Weingenuss, sondern auch für eine zünftige Party-Atmosphäre. Natürlich gibt es auch eine Bar mit Spitzenweinen aus der Region im typischen Bocksbeutel.

Wer Hunger hat, kann unter anderem Bratwurst, Käsebrötchen oder würzige Pommes bekommen. Alle Weinfeste in Sommerhausen haben eines gemeinsam, sie finden im historischen Ortskern „Am Plan" statt. Die besondere Atmosphäre mit ihren Fachwerkhäusern bildet das entsprechende Ambiente. Bevor man jedoch in die Weinseligkeit abtaucht, kann man Kunst mit Wein verbinden und das örtliche terroir f zu diesem Thema bei einem kleinen Spaziergang erkunden. So genießen neben Gott Bacchus aus Beton unter anderem ein Winzer aus Cortenstahl und eine Weinprinzessin aus Tonerdeschmelzzement oberhalb der Weinberge den fantastischen Ausblick und warten geduldig auf Besucher.

TIPP
Unbedingt das Torturmtheater, Deutschlands kleinstes professionell bespieltes Theater, besuchen.

Weinfeste in Sommerhausen
Am Plan
97286 Sommerhausen

69

Ein heiliger (Wein-)Berg

Die TraumRunde in Rödelsee

Heute steht einer der heiligen Berge Frankens auf der Tagesordnung. Es geht nach Rödelsee zum Schwanberg. Heilig deshalb, weil bereits Kelten und Germanen hier ihren jeweiligen Göttinnen Opfer darbrachten. In der Neuzeit ist er weiterhin Mittelpunkt von gelebter Spiritualität. Im Kloster Schwanberg, das im ehemaligen Schloss untergebracht ist, beten, arbeiten und lesen nach dem benediktinischen Dreiklang die Schwestern der Communität Casteller Ring. Idealerweise begibt man sich zu Fuß auf „Bergtour“ und startet den Rundweg „TraumRunde“ im malerischen Weinort Rödelsee, direkt am Wanderparkplatz vor der üppigen Weinlandschaft. Zunächst geht die Wanderung bis zum Waldesrand, dann führt eine Linkskurve in Richtung „Weintempel“, wo ein beeindruckender Ausblick ins Maintal wartet. Der Waldweg führt dann in einer Kurve bergauf über die Schwanbergstraße. Der Pfad zieht sich am Hang entlang bis zu einer Schotterstraße, der man ein paar Hundert Meter folgt, bevor es rechts zum „Kappelrangen“, einem Aussichtspunkt auf dem Schwanberg, weitergeht. Einstmals stand an dieser Stelle eine kleine Kirche, die während des Bauernkrieges im Jahr 1525 zerstört wurde.

Von hier oben hat man bei gutem Wetter eine fantastische Aussicht bis zur Rhön. Die Route geht weiter in Richtung des Schlosses und heutigen Klosters, über Treppen hinunter in einen beeindruckenden acht Hektar großen Schlosspark, der in den 1920er-Jahren entstand. Über den malerischen „Wald- und Grenzweg“ gelangt man anschließend zum Birkensee, um den man rechtsherum bis zum Aussichtspunkt „Conradseck“ wandert. Nach einem steileren Abstieg rückt schon von weit her erkennbar eine beeindruckende architektonische Skulptur ins Sichtfeld. Strahlend weiß schwebt dieser Zylinder majestätisch in der Landschaft. Sobald man ihn betritt, öffnet sich dem Besucher wie durch ein gigantisches Fernglas die fränkische Kulturlandschaft bis zum fernen Horizont und lässt einen staunen.

TIPP
„Wengerts Hänger“ besuchen und verschiedene Weine und fränkische Kleinigkeiten genießen.

TraumRunde Rödelsee
97348 Rödelsee

70

Romantische Weinzeit

Das Hotel und Weingut Zur Schwane in Volkach

Das Romantik Hotel Zur Schwane in Volkach verkörpert einen Ort, wo Historie und Gastfreundschaft in perfekter Harmonie das Ambiente eines jeden Aufenthalts prägen. Hier vereinen sich Tradition und moderner Komfort zu einem Erlebnis voller Romantik und Wohlbefinden. Das pittoreske Hotel, tief verwurzelt in der malerischen Landschaft des Fränkischen Weinlandes und in dem mittelalterlichen Städtchen Volkach, lädt mit seiner wohltuenden Atmosphäre zum Verweilen ein.

In den liebevoll restaurierten Gemäuern erwacht Geschichte zum Leben. Jedes der stilvoll eingerichteten Zimmer strahlt einen unvergleichlichen Charakter aus und versetzt Besucher in eine Welt zeitloser Eleganz. Die sanfte Farbgebung und sorgfältig ausgewählten Möbelstücke sorgen für eine entspannte Stimmung und machen die Übernachtung zu einer wahren Wohltat.

Das kulinarische Herz des Hauses, sowohl das Sternerestaurant Weinstock als auch das gemütliche Schwane 1404, zelebrieren die Finesse der regionalen Küche. Hier wird die Leidenschaft für exzellente Weine und frische, saisonale Gerichte spürbar. Im historischen Ambiente des Gewölbekellers oder im idyllischen Innenhof lässt sich der Abend bei einem Glas Wein aus dem eigenen, gleichnamigen VDP-Weingut genussvoll ausklingen. Die Krönung ist der Holzfasskeller, der so wie das Haus selbst über 600 Jahre alt ist. Hier kann man die Geschichte der Weine der Region inhalieren und begibt sich auf eine spannende Reise durch die Geschmacksvielfalt der hauseigenen Weinsorten.

Das Romantik Hotel Zur Schwane ist mehr als nur ein Aufenthaltsort – es ist ein Rückzugsort, der mit seinem Charme und der Herzlichkeit der Gastgeber Eva Pfaff-Düker und Ralph Düker eine Oase der Ruhe kreiert. Wer sich nach einer Auszeit aus dem Alltag sehnt, wird hier die Zeit finden, die Seele baumeln zu lassen und neue Energie zu schöpfen. Wahrlich ein Geheimtipp für alle, die sich nach einer unvergleichlichen Mischung aus Romantik, Wein und Genuss sehnen.

TIPP
Am besten gleich die kulinarische Wanderung „MainGenussTrail" rund um die Mainschleife buchen.

Romantik Hotel Zur Schwane
Hauptstraße 12
97332 Volkach
Tel. (0 93 81) 8 06 60
www.schwane.de

71

Höchst gehaltvoll

Das terroir f in Oberschwarzach

Heute geht es hoch hinaus: Die Weinlage „Handthaler Stollburg“ ist mit fast 430 Metern über Normalnull die höchstgelegene Rebfläche Frankens. Das wurde mit einem aussichtsreichen terroir-f-Punkt gewürdigt. Um die Besonderheit dieses Ortes zu erleben, muss man sich aber zuerst etwas bewegen. Oben angekommen, kann man den atemberaubenden Blick auf die Fränkische Keuperstufe genießen.

Doch wir wollen noch höher hinaus, denn dort thronen majestätisch die Reste der Stollburg. Der Bergfried der Burg, vermutlich im 12. Jahrhundert erbaut, steht heute nur noch als Ruine da. Die Burg wurde höchstwahrscheinlich aus Blasensandstein errichtet, von dem immer noch Hangschutt auf dem Berg zu finden ist. Im Jahr 1237 ging die Stollburg in den Besitz des Hochstifts Würzburg über und wurde während des Bauernkrieges im Jahr 1525 zerstört. Um das Jahr 1700 herum erlaubte das Bistum Würzburg den Abbau der Steine – diese wurden dann für Gebäude in der Umgebung verwendet.

Wer nun die Treppen hinaufsteigt, beschreitet den „Weg der Erkenntnis“. Denn auf dem Geländer, das den Weg bergan zur Stollburg begleitet, versteckt sich das Thema des terroir-f-Punktes: Weingeschichte. Es erzählt in Etappen die über 8.000 Jahre alte Geschichte des Weins, wie zum Beispiel, dass der Ursprung des Weinbaus in Georgien um das Jahr 6000 vor Christus liegt. Wer also die 267 Stufen bis zur Ruine mit Bedacht geht, verbraucht ein paar Kalorien und sammelt dabei jede Menge Weinwissen an. An der Ruine angekommen, sollte man den atemberaubenden Ausblick auf das Steigerwaldvorland genießen. Falls dann ein gar wundersamer Gesang durch die Lüfte schalmeien sollte, könnte das mit einem an diesem Ort vermutlich um 1170 geborenen Popstar seiner Zeit zu tun haben. Denn kein Geringer als der berühmte Minnesänger Walther von der Vogelweide soll hier in der Stollburg das Licht der Welt erblickt haben. Ob er bereits als Neugeborener Minne sang oder einfach nur wie die meisten Babys krähte, ist hierbei nicht überliefert.

TIPP
Auf dem nahe gelegenen Baumwipfelpfad Steigerwald in Ebrach der Natur ganz nahe sein.

terroir f Oberschwarzach
Handthaler Stollberg
97516 Oberschwarzach

terroir f
FENSTER
ZUR
WEINGESCHICHTE!
Wein
Geschichte

Himmel auf Erden

Das Apartment im Weinparadies in Weigenheim

Am Rande des Steigerwaldausläufers Kapellberg liegt Weigenhein. Dieser und weitere sechs Orte haben sich im Jahr 2000 zusammengeschlossen. Was sie eint und verwandt macht, sind neben der Lage ihre natürlichen Gegebenheiten. So bilden sie das „Weinparadies Franken“, ein klar profiliertes Weingebiet. Mitten in diesem Paradies hat Familie Zeitz auf ihrem Hof, der ruhig abseits vom Straßenlärm liegt, eine Milchkammer und den ehemaligen Bullenstall zu einem Wohnhaus umgebaut. So weit, so gut und wenig spektakulär, könnte man meinen. Wenn da nicht das Apartment im Weinparadies wäre, das im Erdgeschoss des Hauses 2021 fertiggestellt wurde.

Mit viel Liebe zum Detail bis hin zum kleinen Willkommensgeschenk aus der Region wurden die 40 Quadratmeter eingerichtet und mit allem, was man für einen gemütlichen und stressfreien Aufenthalt benötigt, ausgestattet. Egal, wie anstrengend der Tag auch war, das ist der perfekte Ort, um sich bei einem kleinen bisschen Wellness unter der Regendusche zu entspannen.

Genauso entspannend und romantisch ist die Terrasse, die in einen einmalig schönen mediterranen Garten eingebettet ist. Ganz nach dem Motto „Chill or Grill“ lässt man hier beim Grillen am Abend oder Entspannen unter den Palmen bei einem guten Glas heimischen Winzerweins die Seele baumeln. Vielleicht genau das Richtige, wenn man von einer der Touren rund um Kapellberg, Frankenberg oder Bullenheimer Berg, bei der man die herrliche fränkische Landschaft zu Fuß, mit dem Rad oder dem Bocksbeutelexpress entdeckt hat, zurückkehrt.

Unterwegs kann man selbstverständlich in eine der zahlreichen Heckenwirtschaften einkehren, in denen Gastfreundschaft genauso wie bei Familie Zeitz großgeschrieben wird. Sie öffnet nicht nur ihre Türen zu ihrem kleinen Paradies, sondern auch ihre Herzen, sodass jeder Gast als Freund kommt und als Teil der Familie geht, mit dem Wunsch, bald wiederzukommen in dieses kleine Paradies auf Erden.

TIPP
Im Juni findet mit „Paradies Pur“ das Weinparadiesfest mit über 13 Weingütern statt.

Apartment im Weinparadies
Kirchplatz 3
97215 Weigenheim
Tel. (01 70) 9 61 93 12
www.apartment-im-weinparadies.de

73

Teuflisch guter Wein

Die Wiege des Silvaners in Obereisenheim

Nähert man sich flussabwärts der Volkacher Mainschleife, kommt man unabwendbar am rechten Mainufer ins Örtchen Obereisenheim, ein echtes fränkisches Weindorf mit engen Gassen und Winkeln. Höchstwahrscheinlich wäre Obereisenheim ein mainfränkischer Weinort von vielen, wäre da nicht das Jahr 1659 gewesen. Eine urkundliche Erwähnung aus dem Fürstlich Castell'schen Archiv hält einen Handel fest, der Weinfranken prägen sollte. Demnach wurden am 5. April 1659 durch den Gräflich Castell'schen Boten Michael Saueracker aus Greuth gegen einen Botenlohn von 1 Schilling und 3 ½ Pfennigen vom Wirt und Gerber Georg Kraus aus Obereisenheim 25 österreichische „Fechser", wie die Silvanerreben damals genannt wurden, nach Castell gebracht. Damit ist eigentlich klar, dass der Silvaner bereits zuvor in Obereisenheim angebaut wurde und somit dort die Wiege und Heimat des fränkischen Klassikers liegt.

Anlass genug, zu einem kleinen Spaziergang durch die Weinberge aufzubrechen und dabei unweigerlich auch auf die bekannte Lage „Obereisenheimer Höll", deren Namen auf eine Legende zurückgeht, zu stoßen. Scheinbar war der Teufel ein Weinliebhaber, der sich gerne heimlich zu nächtlicher Stunde in einem Kloster den ein oder anderen Schoppen der besten Tropfen gönnte. Ein mutiger und gottesfürchtiger Mönch legte sich auf die Lauer und überführte den Teufel bei seinem illegalen Zechgelage. Der Rest in Kürze: Teufel flieht, Mönch schlägt reflexartig die Tür zu, des Teufels Schwanz ist eingeklemmt, der Beelzebub fleht um Gnade und der Mönch lässt ihn unter „Kautionsbedingungen" frei. Der Teufel solle die klösterlichen Weinhänge mit einer Extraportion Teufelshitze versehen haben, sodass jährlich ein Wein entsteht, „wie man ihn nirgends mehr findet". Schwupps, war der Lagenname geboren. Aus diesem Grund vertritt übrigens neben der Weinprinzessin auch der Obereisenheimer Teufel in persona den Eisenheimer Wein, samt Dreizack und Teufelskelch, aus dem die Mutigen einen kräftigen Schluck nehmen können.

TIPP
Eine Fahrt mit der Mainfähre Obereisenheim, die zum immateriellen Kulturerbe gehört.

97247 Obereisenheim

RATHAUS

Goethes Lieblingswein

Der Stein-Wein-Pfad Würzburg

Würzburg hat so einiges Historisches zu bieten. Fantastische Bauwerke, so weit das Auge reicht. Doch das Schöne an Würzburg ist, dass man diese Stadt am Main bei jedem Besuch aus einer neuen Perspektive entdecken kann. Heute geht es über die Dächer Würzburgs in die Weinberge. Auf dem Stein-Wein-Pfad wandelt man durch den „Würzburger Stein" und damit durch eine der famosesten Lagen Europas.

Prinzipiell kann man überall entlang des Rundweges einsteigen, doch empfehlenswert sind zwei Startpunkte. Einmal der Parkplatz am Weingut am Stein, von dem aus man auf die etwas anstrengendere östliche Route, die wie im Weinberg üblich über Treppen und kleinere Steilstrecken durch die Rebanlagen führt, startet. Eine deutliche kürzere Alternative bietet die westliche Route, beginnend am Schlosshotel Steinburg. Dort marschiert man fast auf ebener Strecke durch die Weinberge. Für ambitionierte Wanderer lassen sich beide Routen zu einer Tour kombinieren. Für den Panoramablick über Würzburg und den Main sollte man am Weingut am Stein starten. Auf diesem Weg erwandert man sich auch gleichzeitig die „Steingeschichte", die auf mehreren Informationstafeln vermittelt wird.

Der Pfad führt weiter durch die Lage „Würzburger Stein" bis zur Kehrtwende der Route am Rebsortengarten. Mit herrlichen Ausblicken wird der Weg zum Schlosshotel Steinburg und zum „Tusculum" fortgesetzt. Dieser altfränkische Weinberg zeigt anschaulich, wie in früheren Jahrhunderten Weinbau betrieben wurde. Parallel zum Hang wandert man am terroir f, Goethes Gästebuch, vorbei zum Bismarckturm und genießt den herrlichen Blick auf die gegenüberliegende Festung Marienberg und die Wallfahrtskirche Käppele. Die Route führt dann schließlich zum Ausgangspunkt beim Weingut am Stein zurück. Dort könnte man, wenn gut geplant, auf eine Weinprobe einkehren. Wer weiß, vielleicht bringen die Weine aus dem Stein einen genauso ins Schwärmen wie bereits Johann Wolfgang von Goethe.

TIPP
Führungen von Mai bis Oktober jeweils samstags um 15:00 Uhr.

Stein-Wein-Pfad
97080 Würzburg
www.wuerzburger-steinweinpfad.de

Steinweinpfad
terroir f
Die magischen Orte des fränkischen Weines
J. W. Meuschel senr.
Hoflieferant
& Rüdesheim

75

Pack den Korkenzieher ein

Hop-on-Hop-off-Tour

Der geübte Tourist kennt sie aus fast allen Großstädten der Welt. Dort verkehren die zumeist roten oder gelben Busse auf unterschiedlichen Routen quer durch die Innenstadtbereiche und in die Außenbezirke. Sie verbinden so die typischen und manchmal auch untypischen Sehenswürdigkeiten der jeweiligen Metropole. Das Gute daran ist das Gute darin. Man kauft einmal eine Karte und kann den ganzen Tag nach Fahrplan an den unterschiedlichsten Haltestellen aus- und zu einem späteren Zeitpunkt wieder zusteigen. Selbstbestimmt entscheidet man so, wo und wie lange man verweilen oder ob man vielleicht auch eine Teilstrecke mal zu Fuß zurücklegen möchte.

Aus einer Weinlaune heraus adaptieren Isabella und ihr Partner dieses erfolgreiche Konzept des flexiblen Sightseeings auf die Weinregion Franken. Schwupps, schon waren die Korkenzieher-Touren geboren. An offenen Terminen kann man auf den Touren „Mainschleife“ oder „Würzburg“ in verschiedenen Weinorten ein- und aussteigen. So führt zum Beispiel die Weintour rund um Würzburg unter anderem nach Teilheim, Eibelstadt, Randersacker, Sommerhausen oder Frickenhausen. Das Hauptaugenmerk bei den Partnerweingütern liegt hierbei weniger auf den großen Namen, sondern eher auf familiär geführten Winzerhöfen. Dort kann man sich neben der Weinvielfalt auch teilweise das typisch deftige fränkische Essen schmecken lassen. Dazu liefern die Veranstalter bei Buchung ein Rundum-Sorglos-Paket mit. Neben ausgewählten Aussichtspunkten auf der Tour und einer Broschüre mit Geheimtipps und Empfehlungen kann man selbstverständlich ganz auf eigene Faust noch weitere ansässige Winzer und die Weindörfer entdecken.

So ausgestattet kann eigentlich nichts mehr schiefgehen und man lernt die Vielfalt der fränkischen Weinkultur der jeweiligen Weinanbaugebiete nicht nur optisch, sondern vor allem auch geschmacklich kennen. Dank des persönlichen Fahrdienstes muss man sich auch keinerlei Sorgen ums Nachhausekommen machen, denn der Kutscher kennt den Weg.

TIPP
In der Winterzeit gibt es Glühwein-Touren.

Korkenzieher-Touren
zum Beispiel rund um Würzburg
Tel. (01 76) 69 66 21 33
www.korkenziehertour.de

TOUR

76

Hart an der Grenze

Das Weinfest an der Peterstirn

Über die Brüder Alexander und Jürgen Dahms könnte man spaßeshalber sagen, dass sie „die letzten Winzer vorm nächsten Weinanbaugebiet“ sind. Ihr Familienweingut, geführt in dritter Generation, liegt wirklich hart an der Grenze und am Rande Weinfrankens. Trotzdem sind die beiden herausragende Winzer, was nicht nur durch ihren Silvaner aus der Schweinfurter Lage „Peterstirn“, sondern auch durch zahlreiche Auszeichnungen mehr als deutlich wird.

Apropos Peterstirn: Nicht nur eine Weinlage, sondern auch ein markantes Anwesen, das mit seinen beeindruckenden historischen Mauern und Türmen mitten in den Weinbergen oberhalb von Schweinfurt steht. Historisch ist die Geschichte der Peterstirn sehr eng mit der Gründungsgeschichte von Schweinfurt verbunden. An dieser Stelle wurde um 941 durch den ersten Markgrafen von Schweinfurt eine Burg als Ansitz erbaut. Diese wurde später zuerst zum Nonnenkloster und danach zu einem Männerkonvent der Benediktiner. Dieses erhielt im 12. Jahrhundert den Namen „Stella Petri“. Volksmündlich wurde daraus schließlich irgendwann dann „Peterstirn“. Im Jahr 1263 übernahm der Deutsche Orden das mittlerweile verfallene Kloster und befestigte es mit Türmen und Wehranlagen, was zu einem Konflikt mit der nahe gelegenen Reichsstadt Schweinfurt führte. Zweifellos macht das alles, samt der fantastischen Aussicht, diesen Ort für jeden Besucher Schweinfurts sehenswert. Doch leider ist dieser Ort nicht jederzeit zugänglich. Denn mittlerweile befindet sich die Peterstirn im Privatbesitz eben der eingangs erwähnten Brüder Dahms.

Doch mindestens zweimal jährlich öffnen sich die Tore zu diesen geschichtsträchtigen Mauern. Denn hier finden sowohl das Frühlings-, als auch das Sommerweinfest des Weinguts Dahms statt. Der Andrang ist groß und die Nachfrage riesig, wenn Wein, fränkische Fressalien, Gesang und die besondere historische Umgebung auf die Peterstirn locken und diese außergewöhnlichen Veranstaltungen unvergesslich machen.

TIPP
Auch ohne Weinfest kann man die Köstlichkeiten in der Weinstube Dahms in Schweinfurt genießen.

Weinfest an der Peterstirn
Weingut Dahms
An der Peterstirn 4
97422 Schweinfurt
www.weingut-dahms.de

Für meinen Vater (†), der mich für den Wein begeistert hat

Herzlichen Dank auch an Marco Maiberger und
das Team der Fränkisches Weinland Tourismus GmbH
für die Unterstützung bei diesem Buch.

Bibliografische Information der Deutschen Nationalbibliothek
Die Deutsche Nationalbibliothek verzeichnet diese Publikation in der Deutschen Nationalbibliografie; detaillierte bibliografische Daten sind im Internet über http://dnb.d-nb.de abrufbar.

Konzeption/Satz: Droste Verlag, Düsseldorf
Einbandgestaltung und Illustrationen: Britta Rungwerth, Düsseldorf, unter Verwendung von Bildern von © stock.adobe.com: Tsvetina
Fotos: Johannes Quirin, außer: S. 11: Hardy Mueller; S. 13: Matthias Hirn; S. 15: pars pro toto.; S. 19, 71, 91, 125, 153: Fränkisches Weinland Tourismus GmbH / Holger Leue; S. 23: Weingut Roth; S. 25: www.stock.adobe.com / minastefanovic; S. 27: Alamy Stock Foto / imageBROKER.com GmbH & Co. KG / Martin Siepmann; S. 29: Fränkisches Weinland Tourismus GmbH / Antje Seeling; S. 31: Stefan Bausewein; S. 33, 83, 123, 139, 157: Karl-Josef Hildebrand / LWG Veitshöchheim; S. 35: Michael Koch; S. 37, 47, 131: Fränkisches Weinland Tourismus GmbH / Andreas Hub; S. 41: Andreas Kneitz; S. 43: erlebe.bayern / Bernhard Huber; S. 49: Andreas Durst; S. 51: Zametzer & Krohn; S. 55: Conny Schoeffmann Photography; S. 57: Weingut von der Tann; S. 61: Weingut Juliusspital; S. 63: Haßberge Tourismus e.V. / Ralf Schanze; S. 67: Glück Homes; S. 69: Weingut Artur Steinmann; S. 73: Weingut Schloss Frankenberg; S. 75: FPS – Fränkische PersonenSchifffahrt Volkach; S. 77: Stadt Dettelbach / Walter Sauter; S. 79: Weingut Römmert; S. 81: Homburger Weinfest; S. 85: Churfranken e.V. / News-Verlag; S. 87: Wörners Schlossweingut; S. 89: Weingut Anno Domini; S. 93: Weingut Laudens Bach; S. 95: KissVino; S. 99: Inge Sturm; S. 101: www.stock.adobe.com / beatuerk; S. 103: Staatlicher Hofkeller Würzburg / Fotografie Brigitte Sauer; S. 107: Markt Ipsheim; S. 109: Stefan Bausewein; S. 115: Markt Einersheim / Richard Schober; S. 117: Weingut Rudolf May; S. 119: Michael Koch; S. 121: Glocke – Weingut & Hotel; S. 127: Monika und Ottmar Bauer; S. 129: Daniel Weigel; S. 133: Walter Meding; S. 141: www.studiozudem.de; S. 143: Andreas Kneitz; S. 145: Michael Koch (herrr-koch.de); S. 147: Weingut 3 Zeilen; S. 149: Weinforum Franken / Manuel Reger; S. 151: Weingut Artur Steinmann; S. 155: Hannes Niederkoffer; S. 159: Apartment im Weinparadies / Isabel und Marco Zeitz; S. 161: Markt Eisenheim / Daniel Klafke; S. 165: Viktor Meshko Photography; S. 167: Weingut Dahms
Textlektorat: Bettina Maaß-Münster, Lehrte

MIX
Papier | Fördert gute Waldnutzung
FSC® C011279
www.fsc.org

Druck und Bindung: LUC GmbH, Greven
ISBN 978-3-7700-2560-2

www.droste-verlag.de